Coordenação editorial
Cristina Martinez

Manual de educação parental

TRANSFORMANDO DESAFIOS EM OPORTUNIDADES

Literare Books
INTERNATIONAL
BRASIL • EUROPA • USA • JAPÃO

PRESIDENTE DO CONSELHO
Maurício Sita

PRESIDENTE
Alessandra Ksenhuck

VICE-PRESIDENTES
Claudia Pires
Julyana Rosa

DIRETORA DE PROJETOS
Gleide Santos

EDITOR
Enrico Giglio de Oliveira

ASSISTENTES EDITORIAIS
Júlia Almeida e Lui Navarro

REVISORES
Daniela Braz e Sérgio Ricardo

CAPA
Lucas Yamauchi

DIAGRAMAÇÃO
Luargraf e Ana Paula Nunes Medeiros

IMPRESSÃO
Printi'

Dados Internacionais de Catalogação na Publicação (CIP)
(Câmara Brasileira do Livro, SP, Brasil)

Manual de educação parental : transformando desafios em oportunidades / organização Cristina Martinez. -- São Paulo : Literare Books International, 2024.

Vários autores.
Bibliografia.
ISBN 978-65-5922-941-3

1. Educação parental 2. Educação de filhos 3. Família 4. Parentalidade 5. Relacionamento familiar I. Martinez, Cristina.

24-223734 CDD-649.1

Índices para catálogo sistemático:

1. Educação parental : Educação familiar 649.1

Eliane de Freitas Leite - Bibliotecária - CRB 8/8415

LITERARE BOOKS INTERNATIONAL LTDA.
Alameda dos Guatás, 102
Vila da Saúde — São Paulo, SP. CEP 04053-040
+55 11 2659-0968 | www.literarebooks.com.br
contato@literarebooks.com.br

FSC
www.fsc.org
MISTO
Papel | Apoiando o manejo florestal responsável
FSC® C196274

SUMÁRIO

PREFÁCIO

Quando nos deparamos com a imensa responsabilidade e alegria que é educar uma criança, somos desafiados a buscar caminhos que nos conduzam a uma parentalidade mais consciente, amorosa e eficaz. Como pais, nos deparamos com inúmeras situações que testam nossa paciência, compreensão e capacidade de adaptação. Cada fase do desenvolvimento infantil traz consigo novas aprendizagens e oportunidades de crescimento, não apenas para as crianças, mas também para nós, adultos.

É nesse contexto que o *Manual de educação parental: transformando desafios em oportunidades* se destaca como uma bússola confiável e inspiradora para todos os que embarcam nessa jornada maravilhosa.

Neste livro singular, os autores nos convidam a refletir sobre a importância de cultivar relações autênticas, baseadas no diálogo aberto, na escuta ativa e no respeito mútuo. Ao explorar temas como apego seguro, comunicação não violenta, o desenvolvimento emocional das crianças e a promoção da resiliência familiar, somos conduzidos a um território fértil de descobertas e transformações.

À medida que adentramos nas páginas desta obra inspiradora, somos recebidos por uma mistura harmoniosa de sabedoria ancestral e conhecimentos contemporâneos, entrelaçados de forma magistral pelos autores. A jornada não é apenas teórica; é profundamente prática, convidando-nos a aplicar os ensinamentos em nosso dia a dia com humildade e determinação.

Que este livro seja mais do que uma fonte de conhecimento; que ele se torne um catalisador de crescimento pessoal e familiar. Que cada linha lida seja um lembrete amoroso do potencial infinito que reside em cada pai, mãe, cuidador e educador para moldar um mundo mais amoroso e empático para as gerações futuras.

Que este prefácio seja o ponto de partida para uma jornada extraordinária rumo à parentalidade consciente, em que os desafios se transformam em oportunidades de crescimento e conexão genuína. Que cada leitor se sinta acolhido por estas palavras e fortalecido pela certeza de que, juntos, podemos criar lares onde o amor floresce e os corações se expandem.

Ao longo das páginas deste manual prático e sensível, somos desafiados a repensar nossas práticas educativas, a reconhecer nossos próprios desafios e limitações, e a abraçar o potencial transformador do amor e da empatia. Cada capítulo é um convite para mergulhar mais fundo em si mesmo, em nossas relações com os outros e no imenso universo da parentalidade.

Que este livro seja não apenas uma fonte de conhecimento e inspiração, mas também um companheiro fiel na jornada rumo a uma educação parental mais consciente, afetuosa e significativa. Que ele nos lembre, a cada página virada, do poder que reside em nossas mãos para moldar um futuro mais brilhante para nossas crianças e para o mundo que compartilhamos.

Cristina Martinez

Cristina Martinez é educadora parental, especialista em Medicina Comportamental pela Universidade Federal de São Paulo (UNIFESP), diretora e mantenedora da Escola de Educação Infantil Ver Crescer há 22 anos, apaixonada pelo desenvolvimento infantil. Autora do livro infantil best-seller *O solzinho de todas as cores*; do livro infantil

Acenda a sua luz; coordenadora editorial dos livros *O mundo da criança vol. I: como ajudá-las a solucionarem seus próprios problemas e entenderem suas emoções*, *O mundo da criança vol. 2: emoções e aprendizagens*; *Disciplina e afeto: como criar filhos emocionalmente fortes e preparados para o mundo* e *Manual de educação parental: transformando desafios em oportunidades*, todos publicados pela editora Literare Books International.

crismartinez@vercrescer.com
Instagram: @cri_martinez_
YouTube: cristinamartinez2358
11 99741 7644

01

COMO CRIAR FILHOS DE MODO CONSCIENTE

O LUGAR DO AFETO NA PARENTALIDADE

Neste capítulo, os pais entenderão a importância da afetividade, os estilos parentais e algumas estratégias para estabelecer uma conexão mais afetiva com os filhos. A família é o primeiro lugar de socialização de uma criança, o que traz uma responsabilidade dos seus papéis sociais. A instituição família deve apresentar estilos parentais baseados no uso de atitudes positivas.

LUCIENE ALVES

Luciene Alves

Psicóloga graduada pela UCB (2011), mestranda pela Universidade Pitágoras de Londrina (Unopar), pós-graduada em Psicopedagogia Clínica e Institucional e em Gestão e Orientação Educacional (UNEB), especialista em Saúde Mental e Atenção Psicossocial (Faculdade Laboro). Facilitadora licenciada do Programa Educacional Positiva (FASURGS). Atualmente, é docente e coordenadora do curso de Psicologia.

Contato
lucienealves2008@gmail.com
Instagram: @alvesluciene
@espacodesenvolver.psicologia
61 98535 5057

Luciene Alves

Para criar filhos, é necessário adquirir conhecimentos, muitas aprendizagens, experiências e, claro, ter vínculos de amor, respeito e confiança. É necessário investir no crescimento, não apenas dos filhos, mas da família como um todo.
CRIS RAYES

A família é o primeiro lugar onde a criança se socializa. É por meio desta instituição que a criança se desenvolve, cria suas formas de apego e se constitui enquanto ser social. A família é entendida como um espaço de vivência de relações afetivas, que, por sua singularidade, apresenta diferentes necessidades e competências. Bowlby (2023) contribuiu para estudos voltados à qualidade da relação entre as mães e seus filhos, o que permitiu novos conceitos, por exemplo, a base segura. Compreende-se que os bebês precisam estabelecer um relacionamento com seu cuidador para que possam desenvolver o padrão de apego seguro.

Estilos e práticas parentais

Estilos e práticas parentais estão interligados, porém, têm aspectos distintos, enquanto os estilos dizem respeito a um conjunto de atitudes que formam um clima emocional, as práticas parentais são estratégias nas interações de pais com os filhos com objetivos mais específicos. Já os estilos são caracterizados por um conjunto de atitudes educativas expressas pelos pais. O modo como esses pais utilizam esses estilos e práticas parentais pode interferir de maneira benéfica ou não no desenvolvimento da criança.

Algumas pesquisas mostram os tipos de estilos parentais como: autoritário, permissivo, negligente e consciente. Na descrição a seguir, você poderá compreender melhor se algum dos estilos está mais presente no modo como cria os filhos.

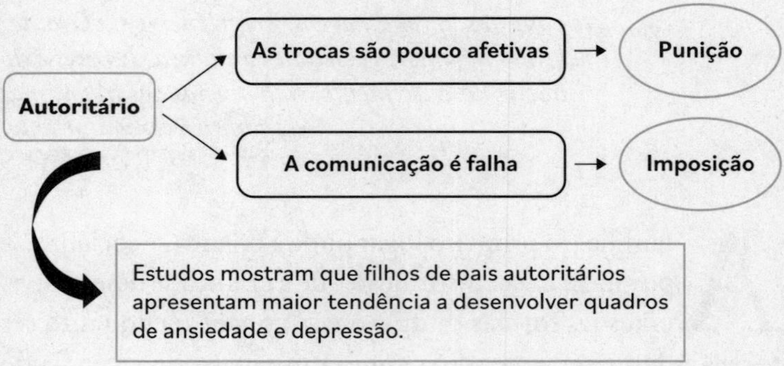

Os pais que apresentam estilo autoritário apresentam um nível de controle e restritividade, não validam a individualidade e a independência da criança e favorecem a punição.

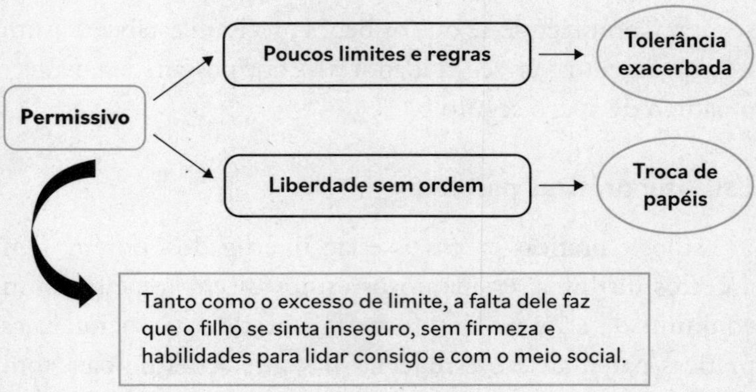

Os pais com estilo parental permissivo evitam tomar posições de autoridade, o que impacta colocar pouco limite e regras em relação ao comportamento da criança.

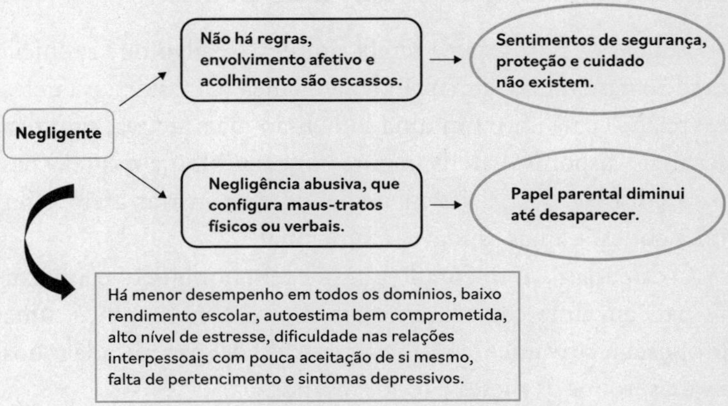

O estilo parental negligente caracteriza-se por baixa responsividade dos pais, há uma ausência de proteção e cuidado com a criança.

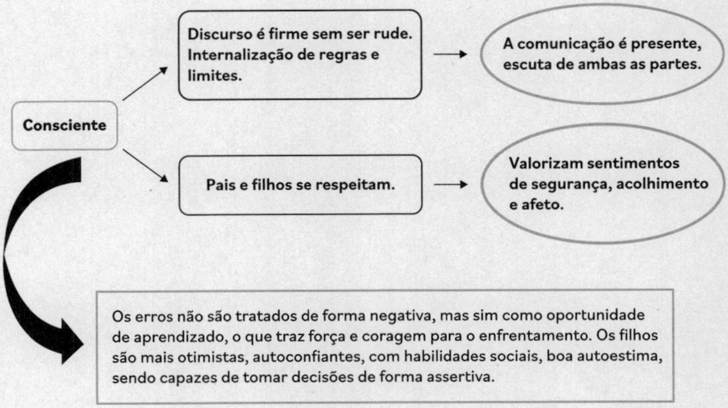

Pais com estilo parental consciente apresentam maior nível de assertividade e contribuem para um desenvolvimento mais saudável da criança, diminuindo quadros de ansiedade e de depressão. Validam os sentimentos da criança, colocam limite com afeto e promovem um ambiente mais seguro.

Estratégias para uma conexão mais afetiva

Educar os filhos não é tarefa simples – é algo que se inicia desde o nascimento até sua independência. Umas dessas tarefas é a relação pai-filho. Em uma dimensão mais afetiva, significa ser mais disponível afetivamente com seu filho e nas relações para com ele. Há várias maneiras de demonstrar afeto e ter uma conexão mais saudável e funcional.

O calendário apresentado a seguir tem por objetivo auxiliar os pais em uma construção mais afetiva com os filhos, uma proposta relativamente simples e possível de ser realizada todos os dias, todos os meses e todos os anos.

Papais e mamães poderão seguir a ordem do calendário, preenchê-lo de modo aleatório ou construir com a família práticas parentais mais afetivas e que contribuam para o fortalecimento do vínculo.

Calendário de boas práticas parentais

segunda-feira	terça-feira	quarta-feira	quinta-feira	sexta-feira	sábado	domingo
01	02	03	04	05	06	07
Diga ao seu filho que o ama	Fale sobre as emoções	Ajude o seu filho a identificar e nomear as emoções	Faça um desenho em família	Dance e cante com o seu filho	Faça um piquenique em família	Abrace e beije o seu filho
08	09	10	11	12	13	14
Em momentos de birra, abrace-o	Compartilhe uma experiência boa que aconteceu em sua vida	Crie momento e espaço de escuta	Encoraje seu filho	Leia um livro em família	Peça desculpas quando analisar que errou	Confie em você enquanto pai/mãe
15	16	17	18	19	20	21
Valide atitudes positivas do seu filho	Aprecie a natureza em família	Não eduque dois filhos da mesma forma, são pessoas diferentes	Elogie o progresso do seu filho	Faça meditação em família	Pergunte ao seu filho como foi o dia dele, preste atenção, não faça outras atividades enquanto ele fala	Cuide de você; seu filho irá precisar de você em vários momentos
22	23	24	25	26	27	28
Fale de formas diferentes o quanto gosta do seu filho	Construa memórias afetivas com o seu filho, você também estará contribuindo com as suas	Em momentos de raiva e estresse, pare e respire antes de responder seu filho	Fique um dia ou meio período sem utilizar telas, faça atividades lúdicas com seu filho	Crie momentos de jogos lúdicos, de tabuleiro e afins	Fale com seu filho sobre responsabilização	Escute seu filho e valorize as suas ideias
29	30	31				
Faça atividades prazerosas e desfrute do dia	Seja gentil	Seja clara e objetiva com seu filho				

segunda-feira	terça-feira	quarta-feira	quinta-feira	sexta-feira	sábado	domingo
01	02	03	04	05	06	07
08	09	10	11	12	13	14
15	16	17	18	19	20	21
22	23	24	25	26	27	28
29	30	31				

Referências

BOWLBY, J. *Uma base segura*: aplicações clínicas da teoria do apego. Trad. Marcos Vinícius Martim da Silva e Cleonice Alves Bosa. Porto Alegre: Artmed, 2023.

MENDES, M. A. *A clínica do apego:* fundamentos para uma psicoterapia afetiva, relacional e experiencial. Novo Hamburgo: Sinopsys, 2021.

SIEGEL, D. J; HARTZELL, M. *Parentalidade consciente:* como o autoconhecimento nos ajuda a criar nossos filhos. São Paulo: nVersos, 2020.

02

PAIS EMOCIONALMENTE SAUDÁVEIS, FILHOS EMOCIONALMENTE SAUDÁVEIS

Neste capítulo, a autora aborda como pais emocionalmente saudáveis são fundamentais para o bem-estar dos filhos. Ao cuidarem de si mesmos, se autoconhecerem e curarem as feridas da sua criança interior, tornam-se modelos de autorregulação emocional para seus filhos, criando um ambiente familiar seguro e acolhedor, em que as crianças possam se desenvolver emocionalmente saudáveis.

MARINA ROSENFELD

Marina Rosenfeld

Mãe, psicanalista e psicoterapeuta especialista em parentalidade e família, além de educadora. Tem mais de 27 anos de experiência com infância e adolescência e vem atuando, nos últimos anos, principalmente no atendimento de crianças, adolescentes e mulheres que tentam lidar com os desafios da maternidade. Também criou um programa on-line de acompanhamento de mães que desejam encontrar a sua melhor versão, para se (re)conectarem consigo mesmas e com os seus filhos, de forma leve, consciente e sem culpa.

Contatos
marinarosenfeld.com.br
Instagram: @marinarosenfeld.psi
LinkedIn: Marina Rosenfeld
WhatsApp: 11 99979 6752

Quando nos tornamos pais nos confrontamos com questões que talvez nunca tenhamos percebido antes, incluindo feridas não curadas da nossa própria infância. É quase inevitável ter que olhar para trás e revisitar nossa própria jornada para entender como ela moldou quem somos hoje.

Todos queremos ser amados e nos sentirmos seguros para que possamos expressar quem somos, mas nem sempre nos damos conta de que as feridas que trazemos da infância sufocam nosso verdadeiro eu e nossas reais necessidades. Tampouco temos consciência de que é a partir da nossa experiência quando crianças que passamos a adotar comportamentos enraizados no medo, na vergonha, na insegurança e na desconfiança.

Somente quando conhecemos nossa criança interior – aquela parte de nós que representa todas as impressões (boas e ruins) que nos foram transmitidas na infância – e a acolhemos é que conseguimos descobrir as feridas e os profundos desejos que trazemos dentro de nós. Conhecer as nossas necessidades e as nossas marcas é fundamental para que possamos aceitar a nossa história e curar todas as partes dentro de nós que, de alguma forma, ainda se sentem machucadas.

Mas e o que tudo isso tem a ver com os nossos filhos? Tudo! Absolutamente tudo. É o autoconhecimento que nos permite entender nossas decisões e comportamentos, assim como as nossas crenças e tudo aquilo que inconscientemente reproduzimos com os nossos filhos. Ao compreender de onde vêm nossas reações, podemos agir de maneira mais consciente e escolher como responder às situações desafiadoras com as crianças.

Aprender a nos expressar e lidar com nossas próprias emoções de maneira saudável é um presente que não apenas fortalece a relação com os nossos filhos, mas também os ensina sobre a importância de cuidar da sua própria saúde emocional.

Por isso, quanto antes cuidarmos de nós mesmos e curarmos as nossas feridas, menor a probabilidade de projetarmos nossas dores nos nossos filhos e eles desenvolverem uma sensação de autoestima, segurança e confiança por toda a sua vida.

A importância dos primeiros anos de vida

Os primeiros anos de vida são extremamente importantes porque é nesse período que se forma a estrutura cerebral, com todas as redes neurais e sinapses. Por isso, o que vivemos nessa fase com as pessoas centrais da nossa vida fica gravado em nossa mente. A maneira como nossos pais/cuidadores nos trataram lá atrás acaba, de alguma forma, se tornando um modelo para todos os nossos relacionamentos futuros. Com eles aprendemos a enxergar a nós mesmos e vamos moldando a forma como se darão as nossas relações interpessoais ao longo da vida.

Apesar de não lembrarmos da maior parte das experiências que vivemos na infância, elas ficam gravadas no nosso inconsciente. A criança interior representa todo esse conjunto de impressões (tanto as boas quanto as ruins) que nos foram transmitidas na infância por nossos pais/cuidadores e por outras pessoas centrais na nossa vida.

Conforme o tempo passa, vamos sendo marcados por experiências e crenças tanto positivas quanto negativas. As positivas estão relacionadas à sensação de nos sentirmos amados, principalmente pelos nossos pais/cuidadores. Elas estão associadas à percepção de autoestima, segurança e confiança. Elas nos fortalecem e nos geram a sensação de bem-estar. Já as crenças negativas costumam surgir de situações nas quais nos sentimos rejeitados, desamparados, deslocados e, consequentemente, acabam nos fragilizando.

E é desses sentimentos negativos que acabamos desenvolvendo, inconscientemente, estratégias de autoproteção. Essas estratégias podem se apresentar de diversas formas e são a maneira que acabamos encontrando para lidar ou até mesmo evitar esses sentimentos negativos. Por exemplo, uma pessoa que se sentia inadequada ou rejeitada durante a sua infância e que não teve as suas necessidades básicas satisfeitas provavelmente vai trazer esse sentimento para as suas relações, mesmo que não tenha a menor ideia disso.

É muito provável que ao tentar buscar segurança nas suas relações na vida adulta, na tentativa de se sentir amada, acabe se relacionando com pessoas que lhe gerem justamente o sentimento oposto, reforçando, assim, uma baixa autoestima, insegurança e sensação de incapacidade de se sentir amada. Além disso, a pessoa passa a acreditar, cada vez mais, que se relacionar não é confiável.

O psicólogo e psiquiatra John Bowlby afirmava que as partes mais primitivas do cérebro humano mostram que a segurança reside na familiaridade. Nós gravitamos em torno de situações repetitivas porque já sabemos lidar com elas.

A nossa criança interior faz de tudo para que as feridas e as dores sofridas na infância não se repitam, ao mesmo tempo que ela continua em sua busca incessante pela segurança e pelo reconhecimento que não teve. E, ainda assim, é provável que ela reproduza inconscientemente o mesmo padrão a vida toda, atraindo relações que a façam se sentir insegura.

Justamente por isso, esses primeiros anos de vida são tão importantes. Nossa autoestima se desenvolve nesse período, assim como a confiança em nós mesmos e no outro – ou, infelizmente, a desconfiança que levamos para nossas relações.

Suprindo as necessidades básicas das crianças

Uma criança tem diversas necessidades emocionais básicas. Quando os pais conseguem suprir essas necessidades, é como se eles estivessem arando o terreno para que ela se torne um adulto com confiança em si mesmo e nos outros.

As necessidades básicas não mudam ao longo da vida e a sensação de bem-estar ou mal-estar está relacionada ao fato de termos tido a sensação de que elas foram satisfeitas ou não. Entre as necessidades emocionais básicas estão: necessidade de conexão; autonomia e controle; prazer; autoestima e reconhecimento, pertencimento.

O pesquisador e psicoterapeuta alemão Klaus Grawe buscou explicações para a origem da baixa autoestima nas crianças e chegou à conclusão de que quando elas sentem que a relação com o cuidador não consegue ir ao encontro das suas necessidades pode acontecer duas coisas:

1. A criança interioriza que ela é boa e o problema está no seu cuidador; ou
2. Ela atribui a si mesma a responsabilidade pelo "estado da relação", mantendo uma imagem negativa em relação a si mesma e favorável em relação ao cuidador.

De acordo com o pesquisador, a segunda hipótese é a mais viável e é a que acontece com maior frequência. Se a criança "escolhesse" pela primeira, ela se sentiria desesperançosa, uma vez que seu cuidador é sua grande referência. Ao "escolher" pela segunda hipótese, a criança atribui o comportamento dos cuidadores ao seu "mau comportamento", de maneira que se sinta merecedora do "estado da relação". A criança, mesmo com sentimentos negativos, mantém a esperança de que a situação possa melhorar, ou seja, ao se sentir culpada pelas reações dos pais e ao acreditar na ideia de que não é "boa" – por exemplo: "Não sou boa, me comporto mal e, por isso, meus pais gritam" –, a criança tende a se culpabilizar e achar que precisa fazer de tudo para receber a atenção dos pais.

Por exemplo, se os pais forem muito rigorosos e esperarem comportamento "exemplar" em todas as situações, a criança vai se esforçar para estar sempre à altura da expectativa dos pais, seja com o intuito de satisfazê-los ou ao menos não ser castigada por sua atitude. Nesses casos, a criança tende a reprimir seus desejos e sentimentos que são contrários às expectativas dos pais. A consequência disso é que ela não aprende a se expressar e a lidar bem com os seus sentimentos. Com o tempo, entende que é melhor se submeter às relações, suprimindo suas reais necessidades. Com isso, desenvolve crenças de que não pode se posicionar, não pode ter vontade própria e precisa sempre se adequar às situações e aos outros, isto é, a possibilidade de se tornar um adulto inseguro e com baixa autoestima é enorme.

Crianças pequenas não sabem julgar as ações dos pais como boas ou ruins. Para elas, os pais são "grandes infalíveis". Para a criança, quando os pais começam a gritar, a bater ou a negligenciam de alguma forma, ela não consegue pensar "minha mãe está com raiva e precisa aprender como se acalmar". Ela pensa que o problema é com ela. Logo, ela entende que é uma criança "má" e que não é amada por ter feito algo de errado.

Em suma, quando a criança não obtém atenção e compreensão suficientes de suas necessidades, ela passa a se desdobrar para consegui-las. Agradar os pais é como se fosse uma moeda de troca para se sentir amada. Por isso, se os pais se mostram insuficientes em sua capacidade de amar e entender os sentimentos e desejos da criança, ela acaba internalizando que é a sua responsabilidade fazer a relação funcionar.

A psicóloga alemã Stefanie Stahl, em seu livro *Acolhendo sua Criança Interior*, diz:

> [...] os pais que não conseguem se colocar no lugar dos filhos dificilmente assimilam o que eles sentem e do que precisam. É assim que as crianças começam a acreditar que o que pensam e sentem é errado. Se os pais têm dificuldade em se colocar no lugar dos filhos, tampouco conhecem bem as próprias emoções, pois isso é condição especial para ter empatia (STAHL, 2022, p. 39).

Como as crianças lidam com a solidão emocional

A solidão emocional é tão angustiante que as crianças farão o que for necessário para formar algum tipo de conexão com os pais. Essas crianças, ao sentirem uma espécie de vazio ou terem a sensação de que estão sozinhas, podem aprender a abrir mão das suas necessidades para priorizar as dos outros.

Em muitos casos, ao invés de esperar que os outros lhes deem apoio ou demonstrem interesse por ela, a criança pode assumir um caráter prestativo e dar a impressão de que tem poucas necessidades emocionais. Infelizmente, isso tende a gerar ainda mais solidão, pois encobre suas reais necessidades, impedindo, assim, uma conexão profunda e genuína com os outros.

O poder da conexão

O que mantém um relacionamento é a conexão, o vínculo. É a certeza de que alguém está interessado em investir tempo para realmente ouvir e entender o que se passa com o outro. Sem isso, um relacionamento não se desenvolve. A intimidade emocional é essencial em um relacionamento, principalmente entre pais/cuidadores e filhos.

A falta de intimidade emocional gera solidão em crianças e adultos. Relacionamentos emocionais atenciosos e confiáveis são a base para o senso de segurança de uma criança.

Pais como referência de autorregulação

Quando estamos bem, somos capazes de oferecer amor, segurança e orientação aos nossos filhos. Tornamo-nos modelos de autorregulação emocional, ensinando nossos filhos a se autorregularem emocionalmente e a lidarem com os altos e baixos da vida de maneira saudável e positiva. Além disso, pais emocionalmente saudáveis criam um ambiente familiar seguro e acolhedor, no qual os filhos se sentem livres para expressar suas próprias emoções e explorar o mundo ao seu redor.

No entanto, cuidar de nós mesmos, como pai ou mãe, nem sempre é uma tarefa fácil. Requer autoconhecimento, autocuidado e aceitação. Significa reconhecermos que há feridas e dores da infância que podem ter passado despercebidas, mas que de alguma forma reverberam na nossa vida e na dos nossos próprios filhos. É preciso coragem para olharmos para dentro e identificarmos experiências e sentimentos que foram reprimidos, anestesiados e evitados como uma estratégia de autoproteção. É preciso coragem para pedirmos ajuda, nos priorizarmos, cuidarmos de nós mesmos.

O autoconhecimento nos permite entender nossas decisões, nossos comportamentos. Permite-nos agir de forma mais consciente. Permite-nos escolher fazer diferente. Permite-nos buscar recursos e formas de lidar com as nossas próprias questões sem que interfiram negativamente na relação com os nossos próprios filhos. Permite-nos criar uma base sólida para o desenvolvimento emocional das crianças.

Em última instância, pais que investem em sua própria saúde emocional estão investindo na saúde emocional dos seus filhos. Eles estão construindo as bases para um adulto confiante em si mesmo e na vida, assim como uma relação familiar saudável e respeitosa.

Referências

GIBSON, L. C. *Filhos adultos de pais emocionalmente imaturos*: como se curar de pais que rejeitam ou que são distantes e egoístas. Trad. Thais Costa. São Paulo: nVersos, 2021.

GUTMAN, L. *A maternidade e o encontro com a própria sombra*. Trad. Mariana Corullón e Luís Carlos Cabral. Rio de Janeiro: BestSeller, 2021.

STAHL, S. *Acolhendo sua criança interior*: uma abordagem inovadora para curar as feridas da infância. Trad. Vanessa Räbel e Maurício Mendes da Costa. Rio de Janeiro: Sextante, 2022.

03

A SEGURANÇA DE SER AMADO

Amar seu filho e demonstrar esse amor é uma das melhores coisas que você pode fazer por ele. Neste capítulo, você vai ler como o amor e o reconhecimento das qualidades da criança são a base para a construção de uma autoestima saudável – um fator de proteção da saúde mental e do desenvolvimento ao longo da vida.

CAROLINA PRIMO

Carolina Primo

CRP 06/81842

É psicóloga, mãe de duas crianças e adora ver os gestos de amor do cotidiano. Trabalha como psicóloga clínica de crianças, adolescentes e jovens adultos há quase 20 anos. Foi professora e supervisora clínica em curso de Psicologia e partiu para novos projetos no aprimoramento profissional de psicólogas, a fim de ter mais tempo para dedicar-se aos filhos. É mestre em Psicologia da Saúde (UMESP), especialista em Psicoterapia Psicanalítica (USP), em Moderna Educação (PUC-RS) e em Neuroaprendizagem (IPQ-USP). Também é membro do Núcleo de Psicoterapias da Subsede Grande ABC do Conselho Regional de Psicologia de São Paulo. Nos últimos anos, dedicou-se à divulgação de temas que envolvem o desenvolvimento infantil, as relações familiares e o brincar por meio de cursos, grupos de estudo, palestras e nas redes sociais.

Contatos
carolprimo.com.br
primopsicologia@gmail.com
Instagram: @carolprimopsi
11 98346 4166

O desenvolvimento da autoestima é multideterminado. Relacionamento familiar, amizades, experiências escolares e percepção que a criança tem de si mesma são alguns exemplos de elementos que compõem a autoestima. Em meu texto, busco demonstrar como amar; e demonstrar amor ao seu filho ou filha é um grande estímulo para o desenvolvimento da autoestima e autoconfiança dele(a).

Sobre autoestima

É comum que pessoas e grupos diferentes atribuam à "autoestima" sentidos e significados variados, uma vez que é um termo usado cotidianamente por muitas pessoas. Segundo o Dicionário Michaelis (2024), autoestima é:

> Sentimento de satisfação e contentamento pessoal que experimenta o indivíduo que conhece suas reais qualidades, habilidades e potencialidades positivas e que, portanto, está consciente de seu valor, sente-se seguro com seu modo de ser e confiante em seu desempenho.

Esta definição contém alguns sentidos que se destacam: é preciso que as qualidades que a pessoa reconhece e valoriza em si sejam reais e que componham o sentimento de segurança em seu próprio valor e em sua confiança em si.

Para a psicologia, a autoestima vem da avaliação de si mesmo através de um conjunto de pensamentos e sentimentos direcionados a si mesmo. Essa autoavaliação pode ser positiva ou negativa, dependendo se a pessoa aprova ou reprova a visão que tem de si mesma.

Assim, o significado de autoestima vai muito além do sentido popular de amor-próprio e atribuição de valor a si mesmo. A autoestima depende do autoconhecimento e da capacidade para lidar não somente com o que consideramos bom, mas também com aquilo que nos incomoda em nosso Eu.

Ao contrário do que muitas pessoas pensam, o sentimento de autoestima não é ter uma idealização de si mesmo. Toda idealização é, por definição, uma meta inalcançável ou uma percepção distorcida da realidade. Uma pessoa apaixonada idealiza o seu par romântico a ponto de não perceber defeitos nessa pessoa, por exemplo.

Quando uma idealização é confrontada com a realidade tende a duas possibilidades: ou precisamos alimentar a idealização com mais distorções ou a idealização rui e se despedaça. Na primeira possibilidade, seria como se a paixão precisasse de mais ilusões para se manter. Na segunda opção, a paixão se desfaz e, na melhor nas hipóteses, vemos a pessoa como ela é. Na pior das hipóteses, passamos a odiar quem antes amávamos apaixonadamente.

Fazendo um paralelo, espero que o exemplo da paixão esclareça que a autoestima saudável não é uma idealização. É a valorização das qualidades e potenciais que a pessoa tem e reconhece em si mesma. É a capacidade de nutrir amor-próprio reconhecendo o que se tem de bom e o que é considerado ruim ou deficitário. Em outras palavras, amar-se significa ser capaz de aceitar-se por inteiro, sabendo valorizar o que é reconhecido como bom.

Sobre o papel dos pais no desenvolvimento da autoestima

Como mencionado anteriormente, faço um recorte de um dos aspectos que contribuem para o desenvolvimento da autoestima em crianças e adolescentes: o papel dos pais.

Muito se tem divulgado em meios eletrônicos sobre o que os pais podem e/ou devem fazer para garantir o desenvolvimento saudável dos filhos. Em termos de divulgação da informação, isso é majoritariamente bom. Mais pessoas bem-informadas por profissionais que apresentam orientações de qualidade é ótimo. Infelizmente, nem sempre a fonte é adequada, por isso é fundamental buscar por informações de procedência segura.

Entretanto, mesmo a informação fidedigna pode estimular sentimento de culpa a depender da maneira como ela é veiculada e como é recebida. A depender também da forma como é assimilada. A proposta do que escrevo não é levar a sentimento de culpa. É valorizar as demonstrações de amor que acontecem no cotidiano como sendo um poderoso estímulo do desenvolvimento da autoestima. Caso essa reflexão leve à identificação de pontos que precisam ser melhorados, lembre-se que sempre há possibilidade de aprendizagem e de reparação das nossas ações.

Considerado um gênio da psicologia, Vygotsky fundou a escola psicológica sócio-histórica. Dentre outras coisas, ele descreve como a cultura e a interação social influenciam nosso desenvolvimento e aprendizagem. Contemporâneo de Piaget, enquanto este pesquisou e escreveu sobre a aprendizagem infantil sob um enfoque biológico, Vygotsky enfatizou o papel da relação com as pessoas e com a cultura na aprendizagem.

Nascido 40 anos antes de Piaget e Vygotsky, Freud inaugurou um complexo conjunto teórico-prático em psicologia, batizado por ele de Psicanálise – com uma vasta literatura de descrição de casos atendidos por ele e estudos de personagens literários e históricos. Dentre outras coisas, descreveu a importância da relação com os pais para o desenvolvimento da personalidade infantil.

Outro nome fundamental da Psicanálise, em especial na Psicanálise de crianças, é o de Melanie Klein. Se Freud encontrou nos adultos o modo de funcionamento do psiquismo infantil, Klein ampliou a investigação do psiquismo do bebê através da observação das crianças que analisava. Encontrou no simbolismo característico da brincadeira a comunicação que as crianças fazem daquilo que internalizam da relação com os pais. Em especial, Klein investigou a importância da relação do bebê com sua mãe e, novamente, temos a constatação do caráter estruturante da relação do bebê com seu primeiro ambiente social: a família.

Em resposta ao enfoque de Melanie Klein nos processos mentais do bebê e da criança, Winnicott foi um pediatra psicanalista que observou o papel da mãe e do ambiente no desenvolvimento. Segundo ele, todos nós temos a tendência ao desenvolvimento e ao ganho de autonomia, desde que o ambiente favoreça isso.

Uma mãe suficientemente boa é a mãe que garante ao bebê esse ambiente. O ambiente suficientemente bom descrito por ele é muito semelhante àquilo que atualmente chamamos de rede de apoio. Nem a mãe nem o ambiente precisam ser perfeitos. Eles precisam ser bons o suficiente para estabelecer relações predominantemente saudáveis e amorosas.

Membro da Sociedade Britânica de Psicanálise, Bowlby foi um psiquiatra inglês que inaugurou a teoria do apego, na qual dialogam conceitos psicanalíticos com biologia e a teoria evolutiva de Darwin. Conhecida pelo meio "psi" há décadas, a teoria do apego, atualmente, ganhou visibilidade através do pediatra espanhol Carlos Gonzáles.

Com a teoria do apego, Bowlby e outros pesquisadores puderam desenvolver pesquisas científicas com maior número de participantes. Os resultados apontam para algo que já fazia parte da observação de estudos de caso: quanto melhor o vínculo entre o bebê (ou a criança) e a principal figura de apego (cuidador), mais benefícios para o desenvolvimento e para a saúde mental. Isso significa, entre outras coisas, melhor desenvolvimento da autoestima.

Até aqui apresentei autores proeminentes na abordagem com a qual trabalho – a Psicanálise, bem como autores cognitivistas clássicos. Espero ter conseguido demonstrar que, mesmo que existam divergências teóricas e de metodologia de pesquisa, existe o consenso sobre a importância da relação do bebê e, posteriormente, da criança com os pais (ou quem desempenhe este papel) para o desenvolvimento global, a aprendizagem, a saúde mental e a autoestima.

Descrevi um panorama sobre a importância da relação dos pais com os filhos no desenvolvimento global e, em especial, da autoestima. Outras linhas teóricas da psicologia também atestam a mesma coisa. Mesmo com diferenças teóricas e de metodologias de pesquisa e de atuação clínica entre diferentes abordagens da psicologia, todas atestam a importância do papel dos pais no desenvolvimento da autoestima.

A título de exemplo, cito a análise do comportamento, que define que a noção de Eu se desenvolve através da interação com o ambiente. Sendo os pais os primeiros representantes de um ambiente mais amplo, na maioria dos casos, entende-se a importância da interação com os pais para a construção do Eu e da autoestima.

Espero ter conseguido apresentar algumas fundamentações teóricas sobre a importância da relação que estabelecemos com nossos filhos no desenvolvimento da autoestima deles. No entanto, quero ir além da teoria. Gostaria de propor uma breve viagem no tempo. Que tal vasculhar as memórias da sua infância e adolescência? Quais eventos você considera que foram formadores da visão que você tem de si mesmo? Quais valores foram aprendidos? O que contribuiu para a sua autoestima? O que minou o seu amor-próprio?

O que podemos fazer na prática?

O objetivo da reflexão que as perguntas anteriores propõem é mostrar de modo mais sensível algo que até aqui tinha descrito me apoiando em autores da psicologia. Entretanto, se as perguntas feitas "mexeram" muito com os seus sentimentos, pode ser que você tenha se deparado com a necessidade de fazer uma psicoterapia para tratar de dores do passado. Uma psicoterapia bem desenvolvida pode ser um diferencial na sua vida, mas também na vida do seu filho.

Na prática, contribuímos com a autoestima dos nossos filhos quando nos sentimos mais livres para amá-los e para demonstrar esse amor. Não se trata de dizer que estão sempre corretos, mas de demonstrar de maneira amorosa e gentil como nos sentimos em relação a eles e o que esperamos deles. Para isso, precisamos lidar bem o suficiente com nossas emoções para criar e manter um ambiente de segurança a maior parte do tempo. Precisamos também aprender a lidar com nossa própria agressividade para sermos capazes de não reagir com hostilidade diante daquilo que nos irrita ou desagrada.

Ambientes familiares seguros, demonstrações de amor por meio de palavras e gestos são a base da construção da autoestima ao longo da vida. Não podemos controlar tudo o que acontece e acontecerá na vida dos nossos filhos, mas podemos nos esforçar para oferecer a eles uma boa base de autoestima realista, em que haja amor-próprio e reconhecimento de qualidades e "defeitos".[1]

Escrevo isso consciente de que nem sempre é fácil agirmos dessa maneira. Na verdade, em alguns momentos isso é desafiador. Cansamo-nos, temos nossos medos. Estressamo-nos, sentimos raiva, tristeza. Casamentos entram em crise. Casais às vezes se separam. Alguns filhos nunca tiveram pais que tiveram de fato um relacionamento. Passamos por problemas financeiros, temos desafios no trabalho. Esses são apenas alguns exemplos daquilo que nos desestabiliza e, na prática, não é tão fácil assim "separar" os eventos geradores de estresse e nos sentirmos plenos e calmos para lidar com nossos filhos. Por isso escrevo sabendo que todo ideal é exatamente isso: um ideal. Ninguém atinge plenamente os próprios ideais.

Entretanto, precisamos ter limites que não devem ser ultrapassados. Respeitar os direitos da criança e do adolescente deveria ser um princípio básico de toda a sociedade. Crescer em um ambiente em que os direitos básicos são garantidos, onde não se tem medo de agressões verbais e físicas e no qual existe segurança dos cuidados básicos e do amor é um fator de proteção do desenvolvimento infantil.

Ter parâmetros de quais são os fatores de risco e proteção para o desenvolvimento humano pode garantir informações fundamentais para nos aprimorarmos como pais e mães. Cada história é única e cada relação familiar também. Cabe a cada um de nós empregarmos aquilo que aprendemos com as nossas experiências e com nossas leituras, aquilo que melhor se aplica à nossa realidade. Espero, sinceramente, ter contribuído para o seu relacionamento com seu filho ou filha.

---

1 Uso a palavra "defeitos" porque é mais facilmente entendida, já que faz parte do nosso vocabulário do cotidiano. Entendo que não cabe à psicologia rotular comportamentos como bons ou ruins, virtudes ou defeitos, uma vez que ela não costuma emitir julgamentos em sua teoria, tampouco em sua prática.

Referências

ABERASTURY, A. *Psicanálise da criança:* teoria e técnica. Trad. Ana Lúcia Leite de Campos. Porto Alegre: Artmed, 1982.

ASSUMPÇÃO, F. B. *Psicopatologia evolutiva*. Porto Alegre: Artmed, 2007.

AUTOESTIMA. *In: Michaelis Dicionário Brasileiro de Língua Portuguesa*. São Paulo: Melhoramentos, 2024. Disponível em: https://michaelis.uol.com.br/moderno-portugues/busca/portugues-brasileiro/autoestima/. Acesso em: 12 abr. 2024.

BION, W. R. *O aprender com a experiência*. Rio de Janeiro: Imago, 1962.

BLINDER, C. *et al. Clínica psicanalítica com crianças*. Trad. José Tolentino Rosa. Aparecida: Ideias e Letras, 2011.

BRASIL. *Lei nº 8.069, de 13 de julho de 1990*. Disponível em: https://www.planalto.gov.br/ccivil_03/leis/l8069.htm. Acesso em: 16 abr. 2024.

BRASIL. *Lei nº 14.721, de 8 de novembro de 2023*. Disponível em: https://www2.camara.leg.br/legin/fed/lei/2023/lei-14721-8-novembro-2023-794913-norma-pl.html. Acesso em: 16 abr. 2024.

FREUD, S. Formulações sobre os dois princípios do funcionamento mental (1911). *In*: FREUD. S. *Edição standard das obras psicológicas completas de Sigmund Freud*. v. 12. Rio de Janeiro: Imago, 2006.

FREUD, S. Sobre o narcisismo: uma introdução (1914). *In*: FREUD. S. *Edição standard das obras psicológicas completas de Sigmund Freud*. v. 12. Rio de Janeiro: Imago, 2006.

FREUD, S. O ego e o id (1923). *In*: FREUD. S. *Edição standard das obras psicológicas completas de Sigmund Freud*. v. 12. Rio de Janeiro: Imago, 2006.

GONZÁLEZ, C. *Bésame mucho:* como criar seu filho com amor. Trad. Maria Bernardes. São Paulo: Martins Fontes, 2015.

JOENK, I. K. Uma introdução ao pensamento de Vygotsky
An Introduction to the Thought of Vygotsky. *Revista Linhas*, Florianópolis, v. 3, n. 1, 2007. Disponível em: https://www.periodicos.udesc.br/index.php/linhas/article/view/1276. Acesso em: 16 abr. 2024.

KLEIN, M. A técnica da análise de crianças pequenas (1926). *In*: KLEIN, M. *A psicanálise de crianças*. v. 2. Rio de Janeiro: Imago, 1997.

KLEIN, M. Estágios iniciais do conflito edipiano (1928). *In*: KLEIN, M. *Amor, culpa e reparação e outros trabalhos*. Trad. André Cardoso. Rio de Janeiro: Imago, 1996.

KLEIN, M. Amor, culpa e reparação (1937). *In*: KLEIN, M. *Amor, culpa e reparação e outros trabalhos*. Trad. André Cardoso. Rio de Janeiro: Imago, 1996.

KLEIN, M. O complexo de Édipo à luz das ansiedades arcaicas (1945). *In*: KLEIN, M. *Amor, culpa e reparação e outros trabalhos*. Trad. André Cardoso. Rio de Janeiro: Imago, 1996.

KLEIN, M. Notas sobre alguns mecanismos esquizoides (1946). *In*: KLEIN, M. *Inveja e gratidão e outros trabalhos*. Trad. Elias Mallet da Rocha e Liana Pinto Chaves. Rio de Janeiro: Imago, 1991.

KLEIN, M. Inveja e gratidão (1957). *In*: KLEIN, M. *Inveja e gratidão e outros trabalhos*. Trad. Elias Mallet da Rocha e Liana Pinto Chaves. Rio de Janeiro: Imago, 1991.

KNOBEL, M.; ABERASTURY, A. *Adolescência normal*: um enfoque psicanalítico. Porto Alegre: Artmed, 2003.

MAIA, J. M. D.; WILLIAMS, L. C. A. Fatores de risco e proteção ao desenvolvimento infantil: uma revisão da área. *Temas em psicologia*, Ribeirão Preto, v. 13, n. 2, dez. 2005. Disponível em: http://pepsic.bvsalud.org/scielo.php?script=sci_arttext&pid=S1413-389X2005000200002. Acesso em: 16 abr. 2024.

PAPALIA, D .E.; OLDS, S. W. *Desenvolvimento humano*. Trad. Daniel Bueno. 7. ed. Porto Alegre: Artmed, 2000.

PIAGET, J. *Seis estudos de psicologia*. Trad. Maria Alice Magalhães D'Amorim e Paulo Sérgio Lima Silva. 25. ed. Rio de Janeiro: Forense Universitária, 2014.

SILVA, A. I.; MARINHO, G. I. Auto-estima e relações afetivas. *Universitas Ciências da Saúde*, v. 1, n. 2, p. 229–237, 2003.

TIEPO, C.; FONSECA, R. P. *Como as pessoas aprendem?* Livro digital do curso de especialização em Moderna Educação. [s.d.], PUC-RS.

WINNICOTT, D. W. *O brincar e a realidade*. Trad. José Octavio de Aguiar Abreu e Vanede Nobre. Rio de Janeiro: Imago, 1975.

WINNICOTT, D. W. *Da pediatria à psicanálise:* obras escolhidas. Rio de Janeiro: Imago, 2000.

ZIMERMAN, D. E. *Fundamentos psicanalíticos:* teoria, técnica e clínica – uma abordagem didática. Porto Alegre: Artmed, 1999.

04

APEGO SEGURO E OS BENEFÍCIOS NO DESENVOLVIMENTO INFANTIL

O apego seguro foi uma teoria abordada há muitos anos (anos 1960) e tem sido colocado em discussão em diversos grupos sobre parentalidade. Nessa teoria, falamos da importância da conexão entre pais e filhos por meio de um contato mais respeitoso e empático, mostrando benefícios no desenvolvimento infantil e na forma como as crianças construirão suas relações no futuro.

RODRIGO SERAFIM

Rodrigo Serafim

É educador parental, pai da Ana Luiza e da Clara e marido da Mayara. Certificado pela PDA (Positive Discipline Association) em Educação Parental com base na Disciplina Positiva; formado em Mentoria Parental pela Escola da Educação Empática e em formação na Escola da Educação Positiva (2024). Desde 2023, atua como mentor de famílias que buscam dias mais leves e laços mais fortes. Multiempresário, com mais de três negócios envolvendo soluções para as áreas de educação e desenvolvimento infantil, sendo que uma das empresas é a Propósito de Pai, focada em criar um ecossistema para auxiliar pais e mães no desafio da educação. Tem como propósito ajudar o próximo, desenvolver pais e mães, parentar com respeito e acolher famílias.

Contatos
propositodepai.com.br
contato@propositodepai.com.br
11 97318 6683

Descobri o apego seguro em uma das minhas formações, em que eu buscava apenas ser um pai melhor. Após algumas aulas, percebi que o poder de tudo isso empregado na minha casa fazia a diferença e eu poderia ajudar outras casas no mesmo objetivo, ajudar os pais a terem dias mais leves e mais conectados com seus filhos.

A conexão me trouxe muitos benefícios para o dia a dia. Entender nossos filhos na essência de suas existências pode ser desafiador no começo, principalmente por não termos tido esse tipo de experiência como criança, em nossa educação tradicional. Falo aqui sem julgamento nenhum, pois nossos pais usavam ferramentas que conheciam por meio da educação passada geração após geração.

O desafio de uma educação mais conectada acontece porque precisamos usar nossa empatia com crianças, que, na nossa visão, não sabem falar ou se expressar – o que esse bebê de úm ano pode estar comunicando? Como eu posso ser empático com ele, que mal conhece esse mundo?

Essa foi nossa educação, nossos pais sempre se posicionaram como os donos da verdade do mundo, fazendo que nossa voz nunca fosse ouvida ou abafada. Hoje, quando falamos de conexão e empatia, estamos mostrando aos nossos filhos que sua opinião tem a nossa validação, entendimento e conexão de sentimentos, e assim ele se sentirá amado e aceito. Esse é o desejo mais profundo e sincero dos nossos filhos e de qualquer outro ser humano no mundo.

Quando percebi essa necessidade das minhas filhas, fui buscar informação, estudar e entender quais eram as teorias que poderiam me ajudar nesse processo; entre várias que apareceram, uma delas me chamou a atenção: apego seguro, o que significa e como ele pode me ajudar na educação das minhas filhas.

Primeiro passo para uma educação mais conectada é explorar nosso autoconhecimento, saber que por meio dele podemos nos aprofundar e entender nossas crenças limitantes, gatilhos e ausências que tivemos quando criança, que sempre surgem quando educamos nossos filhos. Ao se reconhecer sentimentos e momentos, muitos deles não serão excluídos da nossa mente, mas sim ressignificados. A partir daí entramos em uma rota importante de educação das crianças, porque nesse momento tudo o que acontecer com nosso filho será entendido como um sentimento único dele, com as experiências dele. Separar o que nosso filho sente e o que nós sentimos é um processo muito desafiador e faz parte da aprendizagem de ambos em uma educação mais conectada e amorosa.

O apego seguro traz todos esses aspectos, e a relação que desenvolveremos de apego com nossos filhos se transformará na maneira que as crianças se relacionarão no futuro.

Essa conexão que criaremos será profundamente refletida em como essa criança lidará com seus desafios quando adolescente e adulto. As crianças necessitam que alguém as ame muito; essa conexão criará uma referência de quem é seu cuidador principal; e ele será o exemplo de comportamentos e direcionará o desenvolvimento da criança na estrada da vida.

O apego seguro nasce de modo não verbal, é transmitido pelo nosso olhar, tom de voz, forma de tocar e empatia pelos momentos desafiadores.

Vamos dar uma pequena pausa no apego seguro para falar sobre comportamentos desafiadores (birra). Esse processo nada mais é que a maneira de a criança comunicar algo – um choro, grito ou se jogar no chão no meio do supermercado; é uma forma de comunicação, e nós como cuidadores precisamos estar atentos em cada movimento, em cada tentativa de comunicação.

Voltando ao tema principal do capítulo, o apego nos ajuda no processo de identificar o que nossos filhos estão comunicando mesmo quando não estão dizendo uma única palavra. E então surge o motivo do nosso autoconhecimento e separação do nosso sentimento e do sentimento da criança – se estamos afundados em nossas crenças, julgamentos e medos quando as crianças tentam se comunicar, nós simplesmente perdemos o rumo e entramos no modo supermãe/superpai, e tentamos resolver gritando mais, agredindo (física ou verbalmente), gerando um sistema de recompensa (se você parar de fazer isso ou aquilo, dou o que você quer) quando, na verdade, o movimento que a criança de fato precisa é o olho no olho (na mesma altura) e uma simples pergunta: "Do que você está precisando?". Sempre irá funcionar? Não, porque em educação não existe um manual de regras e procedimentos, mas sim livros como este, que mostram os caminhos em busca de uma educação mais empática, para que nesses momentos possamos ser mais leves, estar mais conectados e mostrar às crianças o poder de uma frase como: "Filho, estou vendo você. Estou entendendo seu sentimento de frustração. Vejo que você quer muito isso". Isso é empatia, entender o momento real. Muitas vezes recebo pais para serem atendidos por mim que falam sobre a dificuldade de encerrar o dia do seu filho e dizem: "Ele não quer parar de brincar...". Eu penso e devolvo com o seguinte comentário: "Mas quando você está fazendo algo de que gosta muito, você simplesmente para e vai fazer algo que é uma obrigação e pronto?".

Esse é o movimento necessário, colocar-se no lugar das crianças, inteira e genuinamente – "Poxa, ele está brincando disso há algum tempo, acho que terei dificuldades em fazê-lo parar... e se eu entrar nessa brincadeira e incluir o banho como uma etapa da brincadeira?".

Precisamos lembrar que as crianças não estão com seus cérebros desenvolvidos até seus 25 anos. Nós somos o elemento maduro da situação, mas não somos os donos da verdade: precisamos estar abertos aos aprendizados que as crianças nos trazem todos os dias.

Muitas vezes as crianças trazem agitação, mas também trazem pedidos para reduzirmos nosso ritmo, sentirmos mais a natureza, estar mais próximos, e isso pode ser demonstrado por um simples abraço.

Uma relação de apego seguro é quando esse cuidador principal entende as necessidades da criança, entende que o abraço, sentar e brincar, participar, entender, falar sobre sentimentos ou simplesmente ficar ao lado, em silêncio, é o que eles estão precisando.

Apego seguro é uma necessidade básica de qualquer criança e nós só conseguiremos atender a essa necessidade se tivermos vínculo.

Como adultos, sempre buscaremos relações de apego seguro, porque elas trazem diversas habilidades e benefícios, como redução do estresse do cuidador e, consequentemente, redução do estresse do bebê ou criança; trazem a capacidade de nos conectar com nossos próprios sentimentos; empatia com as emoções e sentimentos da nossa infância. No final, educar é muito mais sobre nós do que sobre as crianças, e entendermos nossa infância é a chave para uma educação com maior vínculo e apego.

As crianças nascem com seu desenho original, com a maior capacidade de amar que existe e buscam a todo momento o apego seguro, o amor incondicional que seu cuidador principal promoverá, e quando não o encontram, elas o buscam de outra maneira. Esse processo inicia a mudança do desenho original desse pequeno ser, que no final só quer ser amado e aceito.

Uma relação de apego seguro é de total responsabilidade do adulto, e a criança é apenas o reflexo de toda essa conexão. Além de buscarem amor e conexão, elas querem segurança, e isso pode ser outra forte fonte de apego seguro.

O apego seguro tem uma estrutura que nos ajuda a entender como criar nossos filhos e mostra sua importância ao desenvolvimento infantil.

- Reconheço meu estresse: estou conectado com meus sentimentos e emoções e tenho autopercepção do que é meu sentimento e do que os demais estão sentindo no ambiente.
- Reconheço o estresse da criança: entendo o momento e por que a criança está estressada, seja por uma mudança de rotina ou coisas que aconteceram e que ela não foi a geradora de toda essa tensão.
- Busco apoio e/ou estratégia de autorregulação: nesse momento, uso métodos de respiração, meditação ou busco pessoas que possam me ajudar a autorregular, seja o parceiro ou alguém próximo. Assim, antes da explosão, alguém me ajuda a me controlar; se não estamos regulados, não conseguiremos regular nossos filhos.
- Relação de vínculo: nessa etapa, busco me vincular com a criança, entendendo seu momento, agindo com respeito e estando presente à sua necessidade do momento. Para uma relação mais saudável entre cuidador e criança, a ciência traz seis aspectos que precisam ser entendidos e atendidos.
- Nutrição e apego: quanto mais nutrimos a relação positiva com as crianças, mais ela se sentirá segura para o seu desenvolvimento. A nutrição vem de irrigação, onde temos que atender à necessidade diariamente.
- Resiliência dos pais: os pais precisam respeitar e entender o processo de desenvolvimento do filho, sabendo lidar de modo eficiente nos momentos em que seus filhos necessitam ser autorregulados.

- Conhecimento do desenvolvimento infantil: esse é um dos grandes segredos da parentalidade. E quando entendemos o estágio de desenvolvimento do nosso filho, entendemos e respeitamos cada momento, além de tornar os momentos desafiadores em oportunidade de ensinamento e preparação para o nosso futuro como pais.
- Competência social e emocional dos pais: quando sabem lidar com suas emoções, é muito mais fácil o processo de autorregulação das crianças. Não aprendemos isso em nossa infância, e quando temos a oportunidade de mostrar aos nossos filhos o caminho, com um repertório mais bem desenvolvido, caminhamos para um processo mais leve com relação à educação.
- Conexões sociais saudáveis: precisamos sempre ter em mente quem está em nossa casa. Conexões saudáveis precisam fazer parte das regras da nossa casa. Ao ter pessoas positivas e que nos fazem bem, isso refletirá no modo como nossos filhos se conectarão no futuro.
- Suporte concreto para os pais: ter pessoas com habilidades e formação para auxiliar no processo de educação dos filhos passa a ser estratégico no momento atual. A educação é tão complexa que vale ter alguém com esse conhecimento para dividirmos ideias de melhores caminhos para um desenvolvimento mais leve e conectado.

O apego seguro traz estratégias interessantes para uma educação mais respeitosa com nossos filhos, principalmente para preservar a individualidade com que nossas crianças vieram ao mundo. Infelizmente, nossas crenças e a maneira que fomos educados faz com que as crianças atendam a nossas necessidades, nossos compromissos, nossas demandas e nossos sonhos, mas, no final, precisamos respeitar o que realmente elas desejam, na mais pura inocência e naturalidade possível.

Quando falamos de apego, falamos da nossa conexão e respeito ao processo de desenvolvimento da criança, desde a barriga até alcançarem a maturidade emocional (25 anos).

Quando falamos que isso precisa começar na barriga, faz total sentido da ótica que, ao nascer, já estamos preparados e com nossa expectativa alinhada, que será fazer que nosso filho cresça e se desenvolva com a maior naturalidade e pureza possível.

Falar de educação nos dias de hoje é falar do futuro com um olhar mais profundo para o tema. Estamos olhando a geração que encontraremos no futuro, líderes, profissionais e, o mais importante, seres humanos.

A mensagem que quero deixar é que procurem mentores parentais para auxiliar no processo com sua criança, somos preparados para ajudar a construir uma relação mais forte e positiva com seus filhos.

Somos responsáveis por quebrar ciclos e construir um mundo melhor, com menos traumas e prevenindo as crianças de problemas emocionais e sociais do futuro, o que hoje é um dos maiores males da humanidade.

Depressão, humilhação, falta de empatia, falta de respeito ao próximo, suicídios, *burnout*, entre outras doenças, são indícios de que o mundo está doente, e essas doenças, têm origem no passado, com cicatrizes que acharemos que serão eternas. Pais traumatizados traumatizam suas crianças, por isso o autoconhecimento e a conexão com a criança que fomos no passado é crucial para uma educação mais empática e respeitosa.

Vamos pensar na seguinte frase: não nos preocupamos com o mundo que deixaremos para nossos filhos, mas sim os filhos que nós deixaremos para o mundo.

Referências

BOWLBY, J. *Apego*: a natureza do vínculo, vol. 1. São Paulo: Martins Fontes, 2019.

05

COMO DEDICAR TEMPO DE QUALIDADE AOS PEQUENOS?

Neste capítulo, você verá que é por meio do amor e do carinho que se constrói o vínculo afetivo. Palavras rudes, brigas, castigos e agressões não são a melhor solução para educar as crianças. A relação entre pais e filhos, muitas vezes, é vista como complicada, algo que deixa traumas emocionais. Entretanto, não há necessidade de ser assim, pois é possível alimentar um relacionamento de confiança e acolhimento. O objetivo era estimular as pessoas a adotarem atitudes mais bondosas, respeitosas, responsáveis e resilientes. Para isso, foi demonstrado como é importante a criação de conexões com os outros e que a infância é uma fase fundamental na construção de comportamentos adequados. A não violência é uma característica essencial da parentalidade positiva. Estabelecer esse tipo de comunicação e apoiar-se em gentileza, amor, respeito, confiança e criação de memórias afetivas é o grande segredo para as conexões.

THALITA GONÇALVES GUINDO

Thalita Gonçalves Guindo

Educadora parental certificada pela PDA-USA. Formada em Inteligência Emocional pela Escola de Parentalidade e Educação Positiva, em Portugal. Mentoria de Parentalidade Consciente com Iara Mastine. Pedagoga pela Unimep. Pós-graduada em Psicopedagogia Clínica e Organizacional pela IBFE. Pós-graduada e especialista em Educação Infantil e Alfabetização pela Anhembi Morumbi. Pós-graduada em Psicoterapia pela Faveni. Capacitadora de *mindfulness* para profissionais da infância e adolescentes pela Automadoria em parceria com o Instituto Mindfulness e Cia. Cursando Psicologia na Anhembi Morumbi. Coautora do livro *Intenção de mãe*, pela Literare Books International.

Contatos
psithalitaguindo@gmail.com
Instagram: @thalitaguindo
19 99912 1819

Desde pequeno, somos acostumados a ter contato com pessoas. Aliás, somos gerados dentro do útero de nossas mães, e isso diz muito sobre o motivo de gostarmos de um ambiente quentinho, harmonioso e tranquilo.

A primeira hora de vida do bebê é um exemplo disso, pois o colo da mãe, a amamentação e esse contato são fundamentais e capazes de influenciar nossa saúde até a vida adulta. Isso deixa muito clara a importância do afeto para o bem-estar emocional na infância, e esses aprendizados ainda ajudam a solucionar problemas ao longo da vida.

Como seres sociais, a neurociência explica que nosso cérebro é considerado um órgão social. Nesse sentido, a criação afetiva, pautada em respeito e longe de chantagens e castigos, é vista como benéfica.

Portanto, a educação positiva é mais construtiva e, ao contrário do que algumas pessoas pensam, não dá total liberdade para os pequenos agirem como quiserem. Na verdade, são estabelecidas regras sólidas e limites, mas não há punições rígidas ou brigas.

Diferentemente da educação tradicional com a qual estamos acostumados, a parentalidade positiva visa encontrar meios afetivos para fortalecer o vínculo familiar. A transformação na educação promove melhorias cognitivas, deixa a criança mais segura, aumenta o rendimento escolar e tem outras vantagens.

Então, a maior dúvida que ainda fica no ar é: como sair da teoria e criar conexões e memória com meu filho na prática?

A resposta é que a principal característica que precisa ser cultivada é a paciência. A partir disso, veja algumas mudanças comportamentais e entenda como agir de acordo com a parentalidade positiva.

- **Não brigue, oriente**: em vez de levantar a voz, xingar e proferir ofensas quando a criança faz algo errado, a educação positiva sugere conversar e explicar o porquê a atitude da criança estar errada.
- **Não mande, lidere**: não é fácil manter a disciplina dos pequenos, mas usar a autoridade de pai e mãe para mandar também não é a solução.
- **Acolha e aconselhe**: o diálogo ainda é a melhor alternativa para entender a criança. Pergunte o que aconteceu, o que ela está sentindo e o que você pode fazer para ajudá-la. Assim, ela se sentirá acolhida.
- **Encoraje**: estamos acostumados a elogiar as conquistas e lamentar as falhas. No entanto, os erros fazem parte da vida e os pequenos devem aprender que isso não é o fim do mundo. Acolha a criança nas falhas e mostre que elas são normais, pois ela está aprendendo.
- **Ensine e mostre afeto**: as demonstrações de amor são como instruções não ditas que expressam carinho e afeto. Pequenos gestos, a dedicação de tempo de qualidade juntos e outras ações são manifestações que encorajam os pequenos a também serem mais afetuosos.

Manter uma relação amorosa, ter momentos de diversão em família, não permitir violência e desenvolver vínculos fortes são alguns pontos essenciais da educação positiva. Essa nova perspectiva é encorajadora e criará uma geração independente e que se preocupa com o próximo, portanto, mais amável e respeitosa.

Essa relação é uma das tarefas mais desafiadoras e importantes para os pais. Estabelecer uma relação de respeito, afeto e confiança é essencial para criar uma base sólida na formação das crianças. Nesse contexto, a qualidade do tempo de convívio desempenha um papel fundamental.

Quando falamos em qualidade do tempo de convívio, nos referimos ao tempo que os pais dedicam aos filhos de modo pleno e significativo. Não se trata apenas de estar presente fisicamente, mas de estar verdadeiramente envolvido, prestando atenção às necessidades, emoções e desenvolvimento das crianças.

A qualidade do tempo de convívio tem um impacto direto na educação positiva dos filhos. Quando os pais se dedicam a estabelecer vínculos emocionais saudáveis, estão criando um ambiente propício para o desenvolvimento de habilidades socioemocionais, como empatia, resiliência, autodisciplina e autocontrole.

Além disso, é no tempo de convívio de qualidade que os pais podem transmitir valores, ensinamentos e limites de maneira assertiva e construtiva. Através de momentos de diálogo, brincadeiras, atividades conjuntas e demonstrações de carinho, os pais têm a oportunidade de ensinar habilidades importantes para a vida dos filhos.

Para garantir a qualidade do tempo de convívio com os filhos, é importante ter em mente algumas dicas:

1. **Desconecte-se das distrações**: desligue o celular, a televisão e outros dispositivos eletrônicos durante o tempo com os filhos, para que possa dedicar total atenção a eles.
2. **Esteja presente**: esteja verdadeiramente presente durante o tempo de convívio, mostrando interesse, escutando atentamente e participando ativamente das atividades.
3. **Crie rotinas**: estabeleça momentos fixos para estar com os filhos, como refeições em família, brincadeiras após o trabalho e atividades conjuntas aos finais de semana.
4. **Planeje atividades**: procure planejar atividades divertidas e educativas para realizar com os filhos, como jogos de tabuleiro, passeios ao ar livre, culinária, leitura de livros, entre outros.
5. **Esteja aberto ao diálogo**: crie um ambiente acolhedor e seguro para que os filhos se sintam à vontade para compartilhar seus pensamentos e sentimentos, promovendo a comunicação e a compreensão mútua.

Seguindo essas dicas, os pais podem estabelecer uma relação de qualidade com os filhos, fortalecendo os laços familiares e contribuindo para uma educação positiva. É importante lembrar que a qualidade do tempo de convívio não está relacionada apenas à quantidade de tempo disponível, mas sim à maneira como esse tempo é aproveitado e vivenciado.

Como pais, queremos ter certeza de que nossos filhos sairão pela porta da frente em direção ao mundo preparados para alçar um grande voo e seguros para fazer boas e importantes escolhas durante a vida. Principalmente, desejamos deitar a cabeça no travesseiro com a certeza de que fizemos o nosso melhor no momento em que nos cabia fazer, porque quando nossos filhos crescem só nos cabe assistir ao espetáculo de suas vidas de longe, não mais como "pilotos", mas sim como "copilotos", nessa linda estrada que um dia nos uniu. Caminhos que, pelo amor, estarão para sempre conectados, mas que serão trilhados separadamente. E como dizia Madre Tereza de Calcutá, com suas sábias e profundas palavras:

Ensinarás a voar... Mas não voarão o teu voo.

Ensinarás a sonhar... Mas não sonharão o teu sonho.

Ensinarás a viver... Mas não viverão a tua vida.

Ensinarás a cantar... Mas não cantarão a tua canção.

Ensinarás a pensar... Mas não pensarão como tu.

Porém, saberás que cada vez que voem, sonhem, vivam, cantem e pensem...

Estará a semente do caminho ensinado e aprendido!

Que possamos deixar boas sementes nessa breve passagem por aqui.

Seja você a luz que iluminará o destino de sua família. Que mudará o rumo dessa e das próximas gerações. Vamos deixar filhos que não precisarão se curar de sua própria infância. Crianças que se tornarão adultos fortes, capazes, seguros de si, que respeitam a si e o próximo, que sejam amados, prósperos e felizes. Adultos melhores nas famílias, na sociedade e no mundo!

Faça sua parte!

Referências

ABRAHÃO, T. *Pais que evoluem*: um novo olhar para a infância. São Paulo: Literare Books International, 2020.

NASCIMENTO, I. R. A importância da qualidade do tempo de convívio na educação positiva. *Leda*. Disponível em: https://comoassimleda.com.br/blog/post/a-importancia-da-qualidade-do-tempo-de-convivio-na-educacao-positiva/. Acesso em: 19 ago. 2024.

PONSO, L. O que é educação positiva e quais os seus benefícios? *Quindim*, 28 ago. 2021. Disponível em: https://quindim.com.br/blog/o-que-e-educacao-positiva/. Acesso em: 12 jul. 2024.

06

SER PAI, SER MÃE

Bem-vindos(as). É com grande admiração que escrevo a vocês, pais. Se estão aqui, é porque se sentem mais comprometidos na busca do autoconhecimento para melhor educar seus filhos. Vocês, sem dúvidas, fazem parte de um seleto grupo de pais que buscam ter mais conhecimento, para que possam direcionar seus filhos a uma educação de qualidade, considerando importante, ao acréscimo do conhecimento, a afetividade e lucidez de que seu filho não é uma simples extensão sua, mas sim um SER humano que está em processo de formação da identidade. É preciso ser consciente de que esse trabalho é necessário como uma prevenção, pois a adolescência está ali, logo à frente da infância, assim como a vida adulta está ali, logo após a adolescência. Convido você agora a abrir seu coração e, com uma mente serena, caminharmos juntos rumo ao Ser pai, Ser mãe. Um abraço carinhoso.

MARLENE SILVA

Marlene Silva

Natural de Minas Gerais, empresária, psicóloga e pedagoga, há mais de 20 anos desenvolve trabalhos na área clínica, sendo atuante na área escolar. É mãe de dois filhos, já adultos. Sua graduação em Pedagogia se deu em razão de atuar no ramo educacional, fez especializações nas áreas de psicossomática, gestão de pessoas e psicologia do esporte. Seu propósito de vida é fazer a diferença de maneira positiva na vida das pessoas, proporcionando desenvolvimento pessoal e interpessoal.

Contatos
serpai.sermae10@gmail.com
Instagram: @eumarlenesilva
@serpaisermae

Olhe para dentro, para as suas profundezas,
aprenda primeiro a se conhecer.
SIGMUND FREUD

Despertar da consciência

Nossa felicidade ou infelicidade é determinada por nossas relações interpessoais, e nossas relações interpessoais dependem de nossa relação interna consigo mesmo.

Para despertarmos nossa consciência de pais e de mães, precisaremos passar por experiências, reflexões e autorreflexões da nossa criança interna e como foi a nossa relação com nossos pais. As memórias da infância podem determinar o perfil de pai e de mãe que exercem com os filhos, essas memórias podem ter se tornado um padrão de educação. Tente perceber nesses perfis se suas necessidades básicas de amor, proteção e cuidados foram atendidas.

Como são suas relações interpessoais hoje em dia? Você preza por mais contato, afeto ou anseia por liberdade e/ ou permissividade?

Na função de pai e de mãe, certamente está presente e implícita a resposta a essa pergunta.

Em qual perfil familiar você compreende que foi educado? Veja a seguir alguns perfis familiares para ajudar você nessa reflexão.

Perfis familiares

- **Equilibrados/leves**: com brincadeiras, respeito e posicionamento dos pais (gratidão, leveza, permissão com supervisão). Segurança e tranquilidade.
- **Moderados**: sem muitas brincadeiras, são mais quietos, exigentes e sérios. Educam até mesmo pelo olhar. São cuidadosos.
- **Autoritários**: os pais mandam e os filhos obedecem, sem questionamento por parte dos filhos; construíram uma relação baseada no medo. Raramente há espaço para o diálogo. Pais com dificuldades para ouvir e considerar as necessidades emocionais dos filhos. São críticos e afetam a autoestima dos filhos.
- **Culpados**: excessos de presentes, e tudo pode fazer. Filhos educados sem nenhuma exigência e/ou cobrança.
- **Permissivos**: os filhos ditam as regras e os pais obedecem, excesso de liberdade. Uma família com poucos conflitos, porém muitos enfrentamentos às regras sociais.
- **Muito ocupados**: sem tempo para brincadeiras, escuta afetiva e tempo de qualidade. Tendem a substituir sua presença por "coisas"; podem também apresentar um comportamento permissivo. Na verdade, são pessoas que apresentam dificuldade de expressar seus sentimentos.
- **Afetivos**: são acolhedores e firmes, promovem conexão e cuidados, com escuta afetiva e conseguem manter a calma mesmo diante de um conflito, constroem vínculos em seus ensinamentos mesmo quando dizem o que não pode fazer diante de algo errado; sabem demonstrar amor pelos gestos, palavras e olhares, construindo assim um legado com as futuras gerações.
- **Tóxicos**: não oferecem amor e segurança, o comportamento emitido pode atemorizar os filhos por meio de gritos,

xingamentos e exercem o poder e a supremacia de maneira autoritária, agindo como ditadores. Os filhos poderão se tornar pessoas frustradas, medrosas e com a autoestima extremamente baixa, ocasionando uma série de dificuldades para se relacionarem por terem que se adequar às situações.

Identificar o perfil familiar no qual foi educado na sua infância ajudará você a encontrar possíveis padrões e/ou projeções contidos nos seus relacionamentos, inclusive na educação que oferece aos seus filhos.

Em uma escala de 1 a 10, em que medida seus pais/cuidadores atenderam suas necessidades de conexão e cuidados?

1 – 2 – 3 – 4 – 5 – 6 – 7 – 8 – 9 – 10

Em uma escala de 1 a 10, em que medida seus pais/cuidadores NÃO atenderam suas necessidades de conexão e cuidados, sendo autoritários, permissivos e tóxicos?

1 – 2 – 3 – 4 – 5 – 6 – 7 – 8 – 9 – 10

Em uma escala de 1 a 10, em que medida você educa seu(s) filho(s) dentro do perfil familiar em que foi educado?

1 – 2 – 3 – 4 – 5 – 6 – 7 – 8 – 9 – 10

Agora que você conhece os padrões familiares descritos anteriormente, consegue identificá-los e encontrar um perfil com equilíbrio para a educação que oferece?

( ) Sim. ( ) Não.

Fazendo uma autorreflexão, escreva, nas linhas a seguir e em poucas palavras, um perfil familiar que reconhece como sendo o mais saudável para a educação atual dos filhos:

____

____

____

____

____

____

Um olhar para a educação que recebemos

Como você via seus pais/cuidadores quando criança? Quero trazer para a consciência o que mais marcou você na infância ou na adolescência.

Vou colocar o meu exemplo para que você tenha uma ideia do que escrever:

Eu chamava de pai e de mãe, e eles trabalhavam muito. Minha mãe, mesmo trabalhando fora, ainda era mais presente, devido aos cuidados oferecidos a mim e a meus irmãos; já meu pai sempre foi muito distante, quase ausente. Aparecia para dar os sermões e os nãos bem firmes, "aprontar" era a forma de ter sua presença, ou seja, mais para corrigir do que afagar. No entanto, depois de muita reflexão e terapia, entendi a sua linguagem de amor e que meu pai estava somente repetindo um padrão familiar aprendido, que para ele era positivo, porém para mim negativo.

Agora é a sua vez:

Vamos nos aprofundar mais um pouco sobre quais emoções e sentimentos vêm em sua memória

Feche os olhos por alguns instantes, e, de coração aberto e mente serena, deixe fluir. Quais emoções surgem dentro de você quando criança em relação ao seu pai/sua mãe/seu/sua cuidador(a)? Depois, escreva abaixo qual emoção mais marcou você.

O que precisa valorizar?

Desconhece-se a história de cada pai e de cada mãe e a criança sensível que existe dentro de cada um e que se vê imersa em conflitos insuperáveis com o ego adulto, sentimentos estes trazidos de uma infância ainda não compreendida. Possíveis lacunas com sofrimentos ignorados e que ainda perturbam o campo das emoções e da espiritualidade.

Com esse novo olhar para a família – essa ressignificação – teremos contribuições para prevenir e/ou minimizar conflitos e suas consequências, que são as doenças psíquicas, as feridas emocionais que causam desequilíbrios comportamentais em toda a família, mas, principalmente, na educação dos filhos.

Esse acolhimento sem julgamento é um novo campo de trabalho preventivo e educativo, que precisa ser realizado com os pais, o qual a Ser pai & Ser mãe tem um grande carinho em fazer. Tratando-se essencialmente de uma forma de auxílio à vida psíquica da criança interna, e a que está em desenvolvimento sob sua responsabilidade, integrando-a assim no contexto de uma educação saudável, somada ao despertar da consciência do ego adulto, de fatos psíquicos ainda ignorados na sua criança interior, e que em sua forma de educar faz toda a diferença perante a criança e suas atitudes que invalidam o SER e que têm origem no seu inconsciente ainda não curado, por isso a importância da cura da criança interior.

Portanto, sua infância está diretamente ligada à infância que dará aos seus filhos.

É preciso esse despertar de consciência da criança oculta que há dentro de você para o encontro com as dores adormecidas nesse desconhecido mundo das possibilidades do nosso inconsciente, pois tudo aquilo que queremos mudar no(a) filho(a) é em nós primeiro que teremos que mudar.

A importância dos filhos no processo de autoconhecimento

Nossos filhos são a chave para nossa evolução, é deles que precisamos para fazer esta ponte para as infinitas possibilidades do nosso inconsciente.

A criança guarda em si mesma um segredo que é a energia vital (arquétipo), a qual poderia desvendar os mistérios da alma humana e que traz dentro de si uma incógnita, indispensável para oferecer ao adulto a possibilidade de solucionar seus próprios problemas, individuais e sociais – o que Jung chamou de criança arquetípica. Os arquétipos transcendem as experiências pessoais. Tratam-se de uma das manifestações da energia psíquica que se tornam visíveis por meio de uma imagem ou evidenciam-se nos comportamentos externos, principalmente os que expressam as experiências básicas e universais da humanidade (nascimento e morte, casamento e separação, maternidade, paternidade, criatividade).

O arquétipo de uma criança é a sua energia viva, inerente à alma de toda criança, cuja manifestação está associada ao gosto pelas brincadeiras, à pureza de coração, à vontade de viver, à alegria pela vida, entre outros arquétipos inerentes à alma da criança.

Por meio da paternidade e da maternidade, é possível entrar em contato com esse arquétipo da criança interior para ser o mediador do desenvolvimento do seu filho.

Uma queixa bastante comum que recebo de alguns pais e mães é a dificuldade de se organizarem para brincar com os filhos, de saber em quais brincadeiras investir mais tempo. Se você tem essa dificuldade, deixo aqui dicas superimportantes:

- Faça uma "caixa de brincadeiras" e coloque dentro dela sugestões do que fazer, materiais, ou seja, um planejamento de brincadeiras. Faça isso junto com seu filho. Antes de sortear a brincadeira do dia, aproveite o momento para a brincadeira surpresa – o sorteio em si já será uma brincadeira.
- No momento da brincadeira, ao perceber que seu filho está concentrado, não interrompa a concentração. Desde bebês, focamos nossa atenção em um móbile ou um quadro, por exemplo. Muitas vezes as crianças são interrompidas por elogios dos adultos, e até interações desnecessárias, fazendo que percam o foco na atividade e passem a prestar atenção no adulto. Isso as prejudica, fazendo que percam a habilidade de se concentrar.
- Faça uso do aviso prévio – quando a brincadeira estiver para terminar, vá avisando seu filho: dez minutos para terminar, cinco minutos para terminar, e assim sucessivamente.

A seguir, estão sugestões de atividades com intencionalidade de conexão entre pais e filhos.

- Brincadeiras com dança, música, gestos, ritmos e sentimentos.
- Andar, correr, pular, escorregar, saltar, rolar, sentar, engatinhar etc.
- Brincadeiras com bolas, blocos, sucatas etc.
- Batucar, bater palmas, tocar instrumentos musicais.
- Boliche de garrafas pet e bola de meia.
- Brincar de faz de conta. Exemplo: "vamos passear pela casa" (jogo simbólico). Cada um imagina um espaço: floresta, o que tem na floresta, e vai dizendo...
- Massinha caseira – façam juntos (vale pesquisar receitas no Google).
- Caixa de sensações: diferentes materiais dentro da caixa para sentir nas mãos com os olhos vendados.
- Caminho colorido: com folhas de papel pardo, faça um caminho para que carimbem os pés com tintas coloridas.
- Que cheiro bom! Na hora de fazer a refeição, faça a brincadeira: "De onde vem o cheiro?".
- Elefantinho colorido. "Que cor ele tem?".
- Estátua – coloque uma música, ao parar, todos "congelam".

Vale outras pesquisas, pois existem muitas opções de brincadeiras para despertar a criança que existe dentro de você esperando para ser ainda mais feliz.

Deixo aqui meus sinceros agradecimentos.

Se alguém quer educar, que primeiro seja educado.
CARL GUSTAV JUNG

Referências

OLIVEIRA, T. *Técnicas de educação familiar para crianças*: 50 práticas para educar filhos de 0 a 12 anos. São Paulo: Matrix, 2021.

OSTETTO, L. E.; SEIXAS, C. G. S. Jung, Hillman e a educação: por outras lógicas na formação docente. *Educação*, v. 46,

n. 1, mar. 2021. Disponível em: https://periodicos.ufsm.br/reveducacao/article/view/48055. Acesso em: 19 jul. 2024.

STAHL, S. *Acolhendo sua criança interior*: uma abordagem inovadora para curar as feridas da infância. Trad. Vanessa Räbel e Maurício Mendes da Costa. Rio de Janeiro: Sextante, 2022.

STAHL, S. *Acolhendo sua criança interior – caderno de atividades*: exercícios e reflexões para compreender seus sentimentos e se fortalecer. Trad. Thelma Lersch. Rio de Janeiro: Sextante, 2023.

07

OS DESAFIOS DE SER MÃE SOLO NO BRASIL

É apresentada, neste capítulo, a diferença entre mãe solo e mãe solteira, os desafios da maternidade solo, seus direitos e como amenizar o estresse materno fortalecendo a conexão com os filhos.

ROSELI LOMBA

Roseli Lomba

Pedagoga graduada pela Faculdade do Noroeste de Minas, FINOM (2010), com pós-graduação em Terapia Analítica do Comportamento Infantil pela Faculdade Batista de Minas Gerais (2021), e em Neurociências e Aprendizagem pela Faculdade Batista de Minas Gerais (2022). Curso de Educação Parental com ênfase em Atuação Consciente pela Escola da Educação Positiva (2021). Curso de extensão universitária em Terapias Psicanalíticas pela Faculdade Brasília (2024).

Contatos
roseli.lomba2019@gmail.com
Instagram: @roselilombaeduparental

Estatística

Estima-se, segundo o Instituto Brasileiro de Geografia e Estatística (IBGE) que 11 milhões de mulheres são mães solo no Brasil. Dessas, 56,9% vivem abaixo da linha da pobreza e 64,4% são negras.

Em 2020, a Comissão Econômica para a América Latina e o Caribe (CEPAL) advertiu que o gênero feminino foi o mais prejudicado pelo impacto econômico da covid-19, sendo, no Brasil, 8,5 milhões de mulheres afastadas do mercado de trabalho. Além do cenário de desemprego e omissão da participação efetiva e afetiva dos genitores masculinos, as mães solo ainda precisam lidar com um ataque de farpas discursivas que, cuidadosamente afiadas, são disparadas dia após dia em sua direção.

Apesar da promessa de um avanço social, feita pelo Senado Federal por meio do projeto que cria a Lei dos Direitos da Mãe Solo, votado em 8 de março de 2022, em que estão previstas políticas públicas de assistência social, habitação, educação infantil e mobilidade em apoio à família monoparental, a realidade que se segue permanece sendo contrária.

Mãe solteira vs. mãe solo

O termo mãe solo é formado pelo substantivo feminino "**mãe**" e determinado pelo adjetivo "**solo**". Nele, a palavra mãe significa, na acepção dicionarizada, "mulher que deu à luz, ou que cria ou criou um ou mais filhos", e "**solo**" funciona como adjetivo, caracterizando essa maternidade. No dicionário (FERREIRA, 1999), "solo", dentre outros significados, pode ser "a voz ou instrumento que executa um trecho musical que lhe é especificamente destinado" e, por extensão, pode significar "desacompanhado, a sós".

O termo "mãe solteira" é erroneamente nomeado, pois a maternidade não tem nada a ver com o estado civil e isso remete aos tempos em que para ser mãe era preciso estar casada, o que pode soar pejorativo. A cada ano cresce o número de mães que cuidam de seus lares e filhos sozinhas.

De acordo com a socióloga Ana Liési Thurler (2009), as mulheres começaram a problematizar a designação "mãe solteira", pois seu sentido remete ao pensamento do patriarcado, que considera o casamento como o espaço legítimo para o nascimento. No entanto, todo filho é legítimo, e estar em um relacionamento não significa, necessariamente, compartilhar os cuidados de que uma criança necessita.

O termo "mãe solo" é uma releitura disso – são mulheres que exercem as responsabilidades da maternidade, financeira e afetiva, com a ausência dos pais.

A mãe solo pode ocupar esse lugar por opção, saindo do estigma de mãe solteira, que era aquela mulher discriminada pela sociedade patriarcal por ter tido um filho sem se casar. Estar ou não com um(a) parceiro(a) em um relacionamento não quer dizer compartilhar da missão de educar os filhos. Existem mães que, apesar de casadas, são as principais ou até únicas responsáveis pela educação de seus filhos. Essas mulheres se desdobram para arcar com todas as necessidades deles. Da alimentação, educação ou comportamento, elas se esforçam para que se desenvolvam da melhor maneira possível. Há aquelas que decidem pela maternidade solo por meio de doadores para engravidar e pretendem manter a criação sozinhas, trazendo uma nova configuração social e de família.

A mulher pode ser casada, divorciada, solteira e assumir sozinha todas as responsabilidades com a criança ou adolescente simplesmente porque o pai parou de exercer sua paternidade.

Por trás de falas como "você sabe melhor o que fazer", "você é a mãe, segue seu coração", "apoio o que você decidir", "quis ter filho, agora aguenta", "não deveria ter se separado, pois assim teria o pai para ajudar" existe a entrega de decisão sem que haja um compartilhamento das decisões e responsabilidades. Isso também é reforçado pela sociedade quando dizem: "Filho é da mãe" ou "Pai pode ser qualquer um". De certa forma vai criando a mentalidade de que a única figura importante e necessária na parentalidade é a da mãe, eximindo até mesmo a culpa, quando é sentida, por aqueles que não querem exercer a paternidade.

Ao ser responsável, sozinha, por essa educação, cabe à mãe a tomada das decisões, físicas, materiais e afetivas. Sua rotina gira em torno dos cuidados com a criança, incluindo a rede de apoio, que quando não é realizada por um ente próximo é paga, e por ela! Quando há o pagamento de pensão, na maioria dos casos existem os questionamentos se o valor realmente será gasto com a criança ou será para a mãe. Vale lembrar que o valor da pensão não costuma ser o suficiente para cobrir os gastos da própria criança, sendo complementado pela mãe.

Muitas vezes, não há a consideração do pai com a criança como prioridade absoluta, não sendo compartilhados os cuidados no momento em que o(a) filho(a) necessita.

Muitas mães solo precisam enfrentar o obstáculo financeiro. Como são as únicas provedoras dos filhos e nem sempre têm acesso a bons empregos, encaram mensalmente a dificuldade de não conseguir atender, como gostariam, todas as necessidades de seus filhos. Quando é uma mãe atípica, isso se agrava, pois eles necessitam de atendimento de uma equipe multidisciplinar que, na maioria dos casos, não é encontrado na rede pública, sendo realizado apenas na rede particular, deixando a situação ainda mais precária.

Conforme apontado por Fontana (2017), por as mulheres serem vistas como pessoas que "suportam tudo" e que são "fortes e guerreiras", elas continuam vivendo uma condição opressora naturalizada como própria de sua existência. A recusa em relação a essa suposta fama de forte mostra o sofrimento dessas mulheres, além de demonstrar o efeito da naturalização do "heroísmo", a partir do qual se espera que a mulher seja capaz de resolver sempre tudo, trazendo uma perspectiva também de fracasso.

A administração do tempo é uma questão muito importante. Ela precisa equilibrar a jornada do trabalho com as demais demandas, como: auxílio nas tarefas escolares, organização da casa, lazer com os filhos, rotina pessoal e tantas outras. Para que isso seja menos estressante é necessário um bom planejamento, além de contar, quando possível, com uma rede de apoio.

Rede de apoio são **pessoas dispostas a auxiliar nas tarefas relacionadas ao desenvolvimento de uma criança**. Essa colaboração pode começar desde que a mulher descobre a gravidez. A rede de apoio não é para assumir as responsabilidades no lugar da mãe, mas para que ela saiba que tem com quem contar quando precisar. Não é quem dá presente, mas quem está presente. Infelizmente, das mais de 11 milhões de mães solo, 72,4% não contam com a ajuda de uma rede de apoio.

Há diversas maneiras de ajudar uma mãe solo, como: ficar com a criança enquanto ela tira um cochilo ou precisa sair, levar a criança à escola, incentivar e cuidar da criança para que ela faça as unhas ou arrume os cabelos, mostrar que ela precisa se divertir ou relaxar, respeitar suas escolhas na educação da criança e mostrar que ela tem com quem contar caso venha a precisar, que, apesar de forte, não precisa dar conta de tudo sozinha.

Muitas vezes, a rede de apoio é limitada ou não existe, devido a não ter parentes por perto ou amigos com disponibilidade. A ausência na rede de apoio pode deixar a criança em uma situação vulnerável. Por isso, é importante formar essa rede com outras mães ou instituições sociais, como ONGs, que promovem esses encontros para que possam compartilhar experiências e apoio emocional.

Estresse materno

Muitas convivem com o peso da culpa por não disporem do tempo que acreditam ser o suficiente para atender às necessidades de seus filhos. Precisam enfrentar olhares e julgamentos por exercerem sozinhas essa função. Não ter alguém para dividir os problemas, dialogar ou receber apoio faz com que a jornada dessas mulheres seja muito solitária. A maternidade não precisa ser solitária e também, ao contrário do que diz o senso comum, o filho não é da mãe. É relevante uma rede de apoio. Como diz um provérbio africano, "é necessária uma aldeia para criar uma criança", mas, infelizmente, nem sempre isso acontece e a consequência disso é, entre outras, o estresse materno.

Cuidar dos filhos sozinha é exaustivo. Por não poder desfrutar de momentos de descanso, ela produz constantemente hormônios associados ao estresse, mantendo-a em estado de alerta. Porém, em períodos contínuos, pode desencadear problemas como síndrome de *burnout*, transtorno de ansiedade, depressão, síndrome do pânico e muitos outros. Essa sobrecarga dificulta os cuidados com a saúde física, como a alimentação saudável e a atividade física.

Lidar com suas emoções e as emoções das crianças ou adolescentes pode ser esgotante. A sensação de solidão e o estresse emocional são um desafio a ser enfrentado diariamente. Praticar um hobby pode ser uma maneira de recarregar as energias, por exemplo: cantar, dançar, pintar, correr, tocar um instrumento, ler, além de bater papo ou tomar café com uma amiga. Caso haja condições financeiras, é importante que a mãe solo tenha o auxílio de um profissional da saúde mental, como psicanalista ou psicólogo, para se fortalecer emocionalmente a fim de lidar com os desafios que vão surgindo.

A implicação de tudo isso na criança

Diante das dificuldades encontradas pela mãe solo e por, em muitos casos, não conseguir atender às necessidades básicas de seus filhos, alguns impactos podem ser percebidos no desenvolvimento deles.

A solidão materna na educação de seu filho pode implicar que a criança seja "forçada" pela situação a desenvolver habilidades que não condizem com sua faixa etária, causando um "amadurecimento" prematuro. Ela deixará de brincar ou fazer atividades próprias da idade para, por exemplo, cuidar de um irmão mais novo. Ao longo de seu desenvolvimento, esse "vazio" se manterá, e pode-se desenvolver ansiedade, depressão, baixa autoestima etc.

Direitos da mãe solo no Brasil

Segundo o G1 (2022), o Senado aprovou, em 8 de março de 2022, um projeto que cria a Lei dos Direitos da Mãe Solo, que, conforme definido na proposta, é aquela mulher chefe de família, provedora de família monoparental, e com dependentes de até 18 anos. O texto é de autoria do senador Eduardo Braga (MDB-AM) e foi relatado pela senadora Leila Barros (sem partido-DF).

A proposta trará direitos que serão de grande valia para essas mulheres que se desdobram para oferecer, de acordo com suas condições financeiras, uma educação de qualidade para seus filhos.

Conclusão

Ao promover os papéis emocionais, sociais e financeiros, a mãe solo oferece uma importante lição sobre resiliência. Seus filhos são mais independentes e, em uma visão de sociedade, são mais inclusivos, sendo menos preconceituosos e lidando melhor com as diferenças.

Ao conviverem com a resiliência e persistência de suas mães, desenvolvem o senso de coragem e resistência, conhecendo na prática o significado de resiliência, tornando-se mais fortes para enfrentarem as dificuldades que encontrarão ao longo da vida.

A você que está lendo e que, como eu, é mãe solo, digo com muito carinho: sua jornada é muito cansativa. Por isso, procure semanalmente uma maneira de descansar. Só podemos dar aquilo que temos e, para desempenharmos esse papel, é preciso estarmos saudáveis física e emocionalmente. Sei que não é fácil encontrar um tempo para as nossas demandas pessoais. Na medida do possível, com a organização do tempo, olhe para si também.

Penso que sou forte! Não é pela capacidade de aguentar passar pelas dificuldades, mas pela força de, em diversas vezes, sair delas!
ROSELI LOMBA

Referências

DOMINGOS, C. D. Mãe solteira, não! Mãe solo. *CNU: Central de notícias Uninter*, 23 mai. 2022. Disponível em: https://www.uninter.com/noticias/mae-solteira-nao-mae-solo. Acesso em: 7 abr. 2024.

FERREIRA, A. B. H. *Novo Aurélio Século XXI*: o dicionário da língua portuguesa. Ed. 3. Rio de Janeiro: Nova Fronteira, 1999.

FONTANA, M. G. Z. Domesticar o acontecimento: metáforas e metonímias do trabalho doméstico no Brasil. *In*: FONTANA, M. G. Z.; FERRARI, A. F. *Mulheres em discurso*: identificações de gênero e práticas de resistência, vol. 2. São Paulo: Pontes, 2017.

GARCIA, G. Senado aprova projeto que cria Lei dos Direitos da Mãe Solo. *G1*, 8 mar. 2022. Disponível em: https://g1.globo.com/politica/noticia/2022/03/08/senado-aprova-projeto-que-cria-lei-dos-direitos-da-mae-solo.ghtml. Acesso em: 10 abr. 2024.

THURLER, A. L. *Em nome da mãe*: o não reconhecimento paterno no Brasil. Florianópolis: Mulheres, 2009.

08

O QUE O MEU FILHO VAI SER QUANDO CRESCER?

CONSTRUINDO UMA ORIENTAÇÃO PROFISSIONAL POSITIVA PARA OS ADOLESCENTES

Neste capítulo, os pais encontrarão estratégias para orientar os seus filhos no processo de escolha profissional e de carreira. A partir de uma visão integrada da educação, que envolve as múltiplas nuances da adolescência, perceberão que é possível estabelecer uma orientação assertiva, sustentada em um diálogo fluido e eficiente, que proporcionará resultados positivos.

KENNIA ISIS

Kennia Isis

Escritora e socióloga, especialista em gestão estratégica de pessoas, com ênfase em gestão das emoções e das relações. Psicanalista em formação, atua como professora e orientadora pedagógica e vocacional, contando com 21 anos de experiência na área de educação. Também desenvolve trabalhos voltados para parentalidade consciente, educação socioemocional e projeto de vida. É defensora de uma visão sistêmica e integrativa da adolescência, buscando sempre a promoção e a conciliação dos interesses dos jovens com as suas potencialidades.

Contatos
kisisdantas@gmail.com
Instagram: @kenniaisis
LinkedIn: Kennia Isis Educação
84 99165 0414

Kennia Isis

Educar não é ensinar respostas, educar é ensinar a pensar.
RUBEM ALVES

Quantas vezes, na sua infância e adolescência, você ouviu a frase clichê: "O que você vai ser quando crescer?". Acredito que várias. É possível que até se recorde das respostas que deu: astronauta, médico, atriz, jogador de futebol, quem sabe professora ou biólogo marinho. Fato é que essas falas representavam os seus desejos infantojuvenis, mas também os valores morais e as representações culturais de uma época, assim como as aspirações familiares acerca das suas escolhas profissionais.

Sim, o mundo mudou. Da década de 1970 aos dias atuais, passamos do cotidiano analógico ao digital. A Revolução Informacional fomentou um mundo novo, digital e ágil, com inúmeras transformações nas relações humanas, nas normas sociais e até nas leis. A chegada dos computadores, robôs, celulares, chips, circuitos eletrônicos, softwares, entre outros, modificou substancialmente as relações de trabalho, extinguindo algumas profissões e criando outras. Contudo, a preocupação dos pais com a formação e o futuro dos filhos persiste e é salutar. Sendo assim, falaremos, neste capítulo, sobre como os pais podem contribuir de maneira positiva nesse momento de escolhas. Eis a pergunta primordial: como podemos ajudar nossos filhos a fazerem uma boa escolha profissional? E a única resposta possível é: orientando. A escolha profissional de um adolescente, muitas vezes antecedida pela escolha de um curso de formação, é um evento que envolve toda a família. Esta etapa repleta de dúvidas tende a ser um momento conflituoso na vida do jovem que ainda não está consciente ou confortável com a sua escolha, por isso a orientação fomentada por uma boa conversa é a melhor estratégia.

É provável que a sua principal dúvida neste momento seja: e se o meu filho não quiser conversar, se ele não validar a minha opinião sobre esse assunto? Neste instante, considero importante dizer que a resistência faz parte do processo. A adolescência é uma fase de transição, um intervalo conflituoso entre uma infância heterônoma, moldada pelos direcionamentos dos pais, e uma desejada fase adulta, sustentada em uma premissa de autonomia que, ao menos na teoria, alinha liberdade com responsabilidade. Então, é natural que nessa fase haja uma certa relutância referente à opinião dos pais ou quem sabe até, por pura teimosia, um distanciamento das escolhas profissionais previsíveis dentro do contexto familiar.

Porém, com a segurança de quem acompanha esses processos há mais de 20 anos na educação, afirmo que um cenário em que os jovens validam as opiniões e pedem conselhos aos pais também existe. Ele se estabelece com algumas técnicas sutis de aproximação que, a médio prazo, surtem efeito. Todo diálogo necessita de um movimento dialético de fala e escuta, mas, em se tratando de orientar o nosso filho, a escuta atenta certamente será o pontapé inicial.

Ao ser acolhido quando expressa suas expectativas referentes ao futuro, ao expor suas angústias, suas fortalezas e fraquezas, por mais que não verbalize, o jovem compreende que tem um espaço seguro para se comunicar sem ser previamente criticado ou julgado e consolida internamente uma relação de confiança.

Diante de um cenário em que a família, a escola e a sociedade cobram um posicionamento desse adolescente, saber que é escutado e compreendido faz muita diferença.

Após conquistar a confiança dos nossos filhos precisamos entender que esse movimento necessita de constância, de continuidade. Afinal de contas, como já disse Antoine de Saint-Exupéry no livro *O Pequeno Príncipe*, "tu te tornas eternamente responsável por aquilo que cativas"; então, se a confiança foi cativada, ela precisa ser cuidada. Não é preciso marcar dia, hora ou lugar para colocar em prática a escuta atenta com o nosso adolescente preferido, basta perceber os sinais, fazer algumas perguntas estratégicas e nos mostrar disponíveis para uma boa conversa. Diálogos iniciados com perguntas ou afirmações são uma excelente forma de aproximação: "Como foi o seu dia hoje? Está precisando de ajuda para alguma coisa? Quando quiser conversar me chame. Se precisar de algo, estou à disposição". Essas são falas que demonstram cuidado e atenção, atitudes fragilizadas nos dias de hoje, seja pela rotina atribulada das famílias ou pelo desgaste nas relações.

O cotidiano da maioria significativa dos adolescentes envolve família e escola, estes são os dois núcleos com os quais eles mais convivem e, consequentemente, exercitam os papéis sociais de filhos e estudantes, mas também de amigos, irmãos, atletas e outros. Então é comum que dentro desses espaços os diálogos sobre as escolhas profissionais aflorem, seja em um bate-papo informal ou em uma conversa mais normativa, em que esses jovens são levados a refletir como as suas escolhas do presente podem afetar o seu futuro.

Todavia, apesar de essas conversas serem recorrentes, nem sempre elas são fáceis. Afinal de contas, sabemos que a família e a escola são espaços que oportunizam reflexões, mas também hierarquizam as relações, expõem diferenças de ideias e interesses e promovem cobranças relacionadas aos padrões sociais.

Percebemos isso ao nos irritarmos quando nossos filhos passam a validar os estilos de vida repletos de ostentação e aparente facilidade para obter dinheiro, sucesso e fama dos *influencers*, *gamers* e demais personalidades da internet. Isso acontece porque os valores familiares não estão alinhados com os interesses momentâneos dos jovens, daí os conflitos e os confrontos que nos distanciam.

Nesta altura da nossa conversa, se você, assim como eu, é pai ou mãe de um adolescente, está se perguntando: "Como devo agir depois de identificar todas essas questões apontadas até aqui?". E eu respondo: não há uma regra ou uma fórmula para solucionar tudo isso. No entanto, existem alguns direcionamentos importantes que nos auxiliam e melhoram significativamente as relações.

É preciso saber aproveitar as oportunidades

Vivemos um momento oportuno na história; nunca tantas gerações diferentes conviveram e aprenderam umas com as outras. Segundo a teoria das gerações, fundamentada por Howe e Strauss, publicada no livro *Generation* (1991), os indivíduos apresentam comportamentos semelhantes em função do período em que nasceram. Sendo assim, como nós e os nossos filhos nascemos em gerações diferentes, possuímos interesses distintos.

Entretanto, apesar de o fato de várias gerações interagirem socialmente ser um campo fértil para o conflito de ideias, temos também uma oportunidade para o aprendizado e a cooperação, além de estímulos à construção de um cenário favorável para as discussões que envolvem as escolhas profissionais, basta saber aproveitar.

Imagine a seguinte situação: um determinado profissional da geração X, que não é hábil com as redes sociais, deseja adentrar esse espaço para conquistar clientes, daí contrata um profissional da geração Y (*millennials*), especialista em novas tecnologias, e estabelece uma relação de parceria. Mas se este mesmo indivíduo da geração X tem um filho da geração Z, conectado com o universo digital e as redes sociais para se entreter, estabelece-se um conflito de gerações.

Esta situação hipotética, mas nem tanto, deixa claro para nós o quanto é importante aproveitar as oportunidades para incentivar uma relação de confiança entre pais e filhos. Quem sabe se o nosso personagem X validasse os saberes do seu filho Z e fosse surpreendido com um talento empírico para as redes sociais? É bem provável que a partir daí acontecesse uma conversa estimulante, em que eles se ajudariam, fortalecendo os laços familiares e trazendo uma oportunidade para um diálogo sobre profissão e carreira.

Profissão vs. carreira

Ajudar os nossos filhos a diferenciarem profissão de carreira é fundamental para esse processo de orientação; são dois movimentos inerentes ao mundo do trabalho, que se somam, mas que não são iguais. Enquanto a primeira remete a uma formação mais específica e direcionada, a segunda está relacionada às inúmeras experiências e aos saberes adquiridos ao longo do processo de formação.

Uma maneira eficaz de compreender essas diferenças está associada à tese que o autor Simon Sinek, reconhecido nas áreas de liderança e gestão, trata no livro *O jogo infinito* (2020). O escritor parte do pressuposto de que, ao longo da nossa vida, jogamos dois tipos de jogos: o finito, que tem regras claras pré-estabelecidas, começo, meio e fim, além de ser mais previsível, e o jogo infinito, que pode ter jogadores conhecidos e desconhecidos, e no qual não é possível escolher as regras, mas há a possibilidade de escolher a maneira de jogar por ser um jogo perene. Tendo o jogo como metáfora, Sinek nos propõe uma reflexão acerca da compreensão de duas mentalidades, finita e infinita, na hora de fazer escolhas.

A mentalidade finita se manifesta quando pensamos na construção de hábitos para atingir uma meta e está associada ao estabelecimento de um meio para um fim, ou seja, o foco no objetivo e nas estratégias que levam a um resultado vitorioso, como a preparação para um vestibular, por exemplo. Ao chegar na etapa final da educação básica, os adolescentes se deparam com direcionamentos para as escolhas profissionais; eles precisam buscar uma formação a fim de adquirirem habilidades técnicas (*hard skills*) capazes de promover o aperfeiçoamento profissional e a abertura dos caminhos para o mercado de trabalho.

Já a mentalidade infinita aparece quando pensamos na construção de hábitos como uma jornada e está diretamente relacionada com a mudança de costumes e com as habilidades socioemocionais (*soft skills*). Neste caso, não há um objetivo específico a ser conquistado, mas um caminho que permite o desenvolvimento constante. Diante desse cenário, e de acordo com as novas premissas da educação básica, os adolescentes passam a enxergar as suas escolhas para além das profissões e focam na construção de carreiras, pautadas em competências técnicas e em habilidades socioemocionais, que, juntas, transformam esse processo em um jogo infinito, onde não existem perdedores e ganhadores.

A partir do momento em que nós, como pais, compreendemos esses dois modelos de mentalidade, podemos auxiliar os nossos filhos nesse movimento de escolhas profissionais e de carreira. Ao conceber que essas formas de pensar são distintas, porém complementares, conseguimos argumentar com eles acerca das formações tradicionais ou inovadoras e orientar da melhor maneira possível.

Tornando o processo significativo

Certamente você já ouviu que para escolher uma profissão é preciso identificar as áreas do conhecimento com as quais se tem afinidade, talvez você mesmo já tenha passado por isso, mas eu posso afirmar que nem sempre esta receita funciona. Existem algumas técnicas associadas ao desenvolvimento das habilidades socioemocionais, que permitem que os jovens consigam se organizar internamente, compreendam a si e aos outros e se adaptem aos ambientes, saberes importantes nessa fase.

Sempre me pergunto: "Existem garantias de que estou ajudando meu filho a fazer uma escolha consciente?". A única resposta possível para essa pergunta é: não. Nunca existiram garantias e provavelmente nunca existirão. Embora no passado as escolhas aparentassem ser mais previsíveis e, por isso, mais seguras, eram apenas aparências condicionadas pelos valores mais sólidos do passado e pelo entendimento de que uma escolha profissional duraria uma vida inteira. Essa compreensão está ultrapassada; atualmente é bem comum que os jovens busquem inúmeras formações e possibilidades, que desenvolvam habilidades comportamentais importantes para o mundo do trabalho ou até que mudem de percurso na construção das suas carreiras. Por isso, considero fundamental elencar alguns pontos que contribuem significativamente nesse processo:

1. Não projete seus sonhos no seu filho.
2. Não use as suas experiências como certezas, mas como princípios norteadores.
3. Permita que o seu filho se sinta à vontade para demonstrar seus gostos e afinidades.
4. Crie um ambiente seguro e confiável para que ele exponha as suas opiniões.
5. Busque conhecer as novidades do mundo do trabalho, conecte-se com a nova realidade.

6. Ouça atentamente às escolhas do seu filho, inclusive àquelas de que você duvida ou discorda.
7. Debata com propriedade, estabeleça um diálogo que permita o fomento das ideias e gere questionamentos.
8. Apresente ao seu filho "a vida como ela é", ajude-o a conhecer a realidade da sua escolha profissional.
9. Não julgue, oriente e pergunte, mas permita que o seu filho faça as próprias escolhas.
10. Apoie a escolha do seu filho e confie no processo.

Diante disso, fica claro que o trabalho de orientação dos nossos filhos é árduo e contínuo. Porém, quando feito de modo intencional, se torna extremamente gratificante, independentemente de o nosso adolescente preferido ter um perfil mais tradicional ou inovador. Quando o jovem se sente confiante, tende a fazer escolhas com mais segurança, sobretudo se houver suporte familiar.

O mais importante de tudo o que abordamos aqui é saber que, apesar das escolhas profissionais dos nossos filhos, se conseguirmos estabelecer uma relação de confiança, com escuta atenta e sem julgamentos, respeitando seus interesses e sua autonomia, a contribuição será significativa e o processo positivo.

Referências

LE BRETON, D. *Uma breve história da adolescência*. Trad. Andréa Máris Campos Guerra *et al.* Belo Horizonte: PUC-MG, 2017.

SAINT-EXUPÉRY, A. *O Pequeno Príncipe*. Trad. Dom Marcos Barbosa. Ed. 56. Rio de Janeiro: Agir, 2006.

SINEK, S. *O jogo infinito*. Trad. Paulo Geiser. Rio de Janeiro: Sextante, 2020.

STRAUSS, W.; HOWE, N. *Generations:* the history of America's future, 1584 to 2069. New York: William Morrow & Company, 1991.

09

DISCIPLINA POSITIVA

É POSSÍVEL EDUCAR SEM PUNIR?

Educar com respeito tem se tornado um assunto cada vez mais frequente entre os pais, a família e as escolas. Infelizmente, a maioria dos pais ainda é a favor de recursos punitivos para educar os filhos, como bater, gritar, chantagear, punir e castigar, justamente por estarem arraigados em nossa cultura e serem considerados eficientes, pois até demonstram funcionalidade a curto prazo, mas desconsideram as consequências a médio e longo prazos no desenvolvimento emocional, afetivo e social da criança. Neste capítulo, veremos como a disciplina positiva pode ser uma alternativa para buscarmos uma educação firme e gentil, que promova o desenvolvimento humano integral com autonomia, resiliência, equilíbrio e inteligência emocional.

PATRICIA CARLA SCHNAUFER

Patricia Carla Schnaufer

Formada em Psicologia pelo Centro Universitário Assis Gurgacz em 2008, formação em Análise do Comportamento e Terapia de Aceitação e Compromisso pelo Instituto Continuum. Pós-graduação em Neuropsicopedagogia e Psicologia Perinatal e da Parentalidade. Docente do curso de Psicologia nas disciplinas de desenvolvimento humano.

Contatos
patriciacarla@fag.edu.br
Instagram: @patricia_schnaufer
45 99927 9639

Quando olho uma criança, ela me inspira em dois sentimentos: ternura pelo que é, e respeito pelo que possa ser.
JEAN PIAGET

É possível educar sem punições, castigos e recompensas? A disciplina positiva nos convida a educar nossos filhos com firmeza e gentileza, apresentando-nos um caminho entre o autoritarismo e a permissividade.

Muitos pais e educadores ainda acreditam que a educação positiva consiste, simplesmente, em educar as crianças sem limites, com permissividade e sem regras. Entretanto, é possível verificar que a disciplina positiva é uma maneira equilibrada de educar por meio de técnicas que levam em consideração o comportamento esperado para aquela idade, os sentimentos e emoções inerentes ao cérebro humano e ao desenvolvimento da criança.

Algumas premissas básicas norteiam a disciplina positiva, e a primeira é o respeito mútuo. Para ter firmeza não é preciso violência. Respeito mútuo significa ter amabilidade, colocar-se no lugar da criança e desenvolver uma comunicação firme e objetiva. A criança precisa ter a sensação de conexão com sua casa e família. Isso pode ocorrer quando é estabelecida uma relação que dê voz a ela e possibilite despertar o senso de responsabilidade em suas ações.

Castigos e punições têm apenas efeitos pontuais que induzem a criança à construção de sentimentos de medo, revolta e insegurança para o resto da vida. Quando é preciso repreender algum ato infantil, essa atitude precisa vir permeada de conversas e reflexões que, aos poucos, levarão os pequenos a mais autoconhecimento e autogestão.

A base para a autorregulação sugerida na disciplina positiva está no desenvolvimento das habilidades socioemocionais. Elas são essenciais para que as crianças reconheçam seus comportamentos, sua relação com as pessoas, a casa, a escola e a comunidade em geral.

A seguir, veremos alguns aspectos que definem claramente os objetivos da disciplina positiva:

- **Gentileza e firmeza**: métodos autoritários carecem de gentileza e métodos permissivos carecem de firmeza; portanto, gentileza e firmeza ao mesmo tempo são a sensatez. A gentileza é uma demonstração de respeito ao nosso filho. A firmeza é mostrar respeito por nós mesmos e em relação a eles.
- **Envolvimento das crianças na solução de problemas**: é fundamental incluí-las nas decisões e soluções de problemas. É claro que é necessário criar espaços para a escuta, ceder a palavra e levá-las a sério, validando todas as opções e decidindo juntos a melhor.
- **Regras claras**: acordos e combinados claros vão tornar o dia a dia mais leve e tranquilo. Além disso, o cérebro da criança precisa de previsibilidade, de compreender o que pode e o que não pode.
- **Repreender comportamentos inadequados**: aqui o maior cuidado é com a crítica, que deve ser direcionada ao comportamento da criança, e não a ela. É importante orientar uma reflexão sobre esses comportamentos inadequados, para que uma consciência crítica do erro comece a ser construída. É preciso explicar para a criança que existem limites e que não os respeitar traz consequências. No entanto, a situação do erro jamais deve ser gatilho para humilhações e isolamentos.

Castigos são imposições, um jogo de poder, e, frequentemente, trazem a violência para a dinâmica das relações. Crianças educadas dessa maneira só aprendem a obedecer, a se submeter a tudo, a não confiar nos pais, a não se autoanalisar e se autorresponsabilizar sobre seus comportamentos e escolhas. A disciplina positiva é contra a violência na educação das crianças, baseando-se sempre na comunicação não violenta.

- **Ser exemplo**: vocês já devem ter ouvido aquela frase: "A palavra convence, o exemplo arrasta". Essa frase, atribuída a Confúcio, pensador e filósofo chinês, nos ensina que também devemos cumprir a nossa parte do acordo, buscando o autocontrole e a responsabilidade que esperamos dos nossos filhos. Evitar mentiras, chantagens e quaisquer ações que enviem uma mensagem equivocada é importante para que as técnicas funcionem. Afinal, as crianças costumam reproduzir práticas que observam no ambiente familiar.
- **Estimule o otimismo**: aqui reside a palavra positiva da disciplina positiva. O essencial é incentivar e enfatizar os aspectos positivos do desenvolvimento humano para desenvolver uma atitude positiva diante da vida. Um avanço deve ser reconhecido com otimismo, para que se desenvolva o senso de dedicação e o desejo pessoal de cumprir os acordos.
- **Diálogo**: é preciso comunicar o motivo de determinadas ações e regras, orientar uma reflexão constante nesse sentido, mas também é muito importante ouvir.

Para te guiar nesse processo, Jane Nelsen, autora do livro *Disciplina positiva*, sugere algumas ferramentas práticas que podem ajudar o adulto a lidar melhor com a criança e consigo mesmo, visto que a disciplina positiva também é uma evolução dos pais, no sentido de olhar para a criança de maneira respeitosa. Essa evolução perpassa gerações que utilizavam a punição e a privação de afeto como forma de educar, e que muitos adultos da nossa geração foram criados e replicam até hoje com as crianças.

Vamos conhecer as ferramentas?

Ferramenta	Situação	Reflexões
Expor a criança às consequências naturais	É importante que quando a criança estiver em uma situação que não tenha risco, seja exposta às consequências das suas ações.	"Como você se sentiu?" "Qual foi seu aprendizado a partir da sua escolha?" "Você preferiu fazer dessa forma? O que você aprendeu com isso?"
Escolhas limitadas	Deixar a criança escolher entre algumas alternativas plausíveis. Ela se sente responsável por escolher alguma alternativa e sente que os cuidadores estão preocupados com suas necessidades e desejos.	"Você quer levar mamão ou uva para a escola?" "Você prefere que o papai ou a mamãe arrume você?"
Foco nas soluções	É preciso envolver e direcionar a criança para a solução dos problemas. Muitas vezes, ficamos focados nos problemas e na culpa que queremos que a criança sinta, e não nas soluções.	"Temos um problema, qual seria sua sugestão?" "Vocês não querem dividir o brinquedo? Como podemos fazer?" "Aconteceu isso, e agora? Como faremos para resolver?" "Ok, eu não preciso saber quem foi, precisamos resolver."

Cantinho da calma	Não tem relação com punições ou privação de afeto, mas sim um lugar para ela se autorregular pelo autoconhecimento, e você estará ali se ela precisar.	"Vamos para o cantinho da calma e depois resolvemos." "Agora que estamos calmos, como podemos resolver o problema?"
Validação dos sentimentos	Olhar para o sentimento da criança e reconhecê-lo como genuíno.	"Eu sei que você está com raiva porque não podemos ficar mais no parquinho." "Eu acolho seus sentimentos e entendo sua raiva."
Sinais não verbais	É uma espécie de comunicação com as crianças a partir de alguns sinais.	"Quando você quiser falar com a mamãe, é só segurar meu pulso que assim que eu puder falar contigo, eu falarei." Simular uma respiração profunda, a fim de que ela entenda que precisa respirar.
O senso de humor	Traz leveza para a rotina, muitas vezes tão pesada para os pais e para a criança. Trazer o lúdico para a rotina e para as coisas que normalmente a criança não quer fazer pode ser fundamental.	"Será que nasceu algum dentinho hoje por aí? Vamos passar o fio dental para conferir?" "Deixa eu ver se tem algum bichinho embaixo dessas unhas? Vamos exterminá-los!"

Quadro de rotinas	A criança se sente confortável e segura com essa previsibilidade. Não é um quadro de recompensas, mas sim uma previsibilidade para o cérebro da criança.	Uma ideia visual com figuras e fotos da própria criança. Explicar que é importante para a rotina da casa, que é necessário que tenhamos foco em uma coisa de cada vez e envolver a criança em cada atividade é fundamental para ela se sentir pertencente a essa rotina.
Tente um abraço	A estratégia é dizer para a criança que é o cuidador que precisa de um abraço. Especialmente em um momento de conflito, o abraçar naturalmente libera ocitocina no cérebro e baixa o cortisol tanto dos pais quanto da criança.	"Eu preciso de um abraço." "Eu preciso ficar perto de você." "Vamos ficar juntos até a onda de raiva, tristeza ou medo passar."
Perguntas curiosas	É claro que nem sempre a criança vai responder corretamente ou mudar o comportamento naquele momento, mas à medida que ela for entendendo essa linha de raciocínio, vai começar a responder com comportamentos.	"Como a gente faz para deixar os dentes limpinhos?" "O que não podemos esquecer de levar para a escola?" "Eu quero saber se você sabe como deixar o cabelo limpinho e sequinho."

Essas são ferramentas que geram conexão, amor e respeito na relação com os filhos e com outras crianças que se tem relação, como na escola ou no trabalho com crianças. É importante entender que tudo isso faz parte de um processo e que é necessário persistência e muita paciência para aplicar as técnicas conforme as limitações com que o adulto foi criado, pois, muitas vezes, os próprios pais têm dificuldade de entender e concordar com essa filosofia, tendo em vista o histórico punitivo com que foram criados e que normalmente acham que funcionou.

Por fim, a disciplina positiva vem sendo apontada como a principal teoria que prega respeito, harmonia e desenvolvimento de habilidades socioemocionais, para que a criança se torne um adulto seguro, feliz, responsável, independente e autônomo no futuro.

A disciplina positiva tem alcançado sucesso pela sua aplicabilidade no dia a dia de pais, professores ou outros profissionais envolvidos no desenvolvimento humano. Inclusive já existem pesquisas indicando resultados positivos na prevenção de sintomas da depressão em todas as fases da vida. Ao final deste capítulo, podemos entender a filosofia da disciplina positiva e possíveis ferramentas fáceis e aplicáveis, porém, um acompanhamento com um psicólogo parental é essencial para que tornemos tudo isso possível na nossa rotina, tendo em vista os nossos gatilhos, nossa sobrecarga e nossas crenças distorcidas sobre uma educação respeitosa, firme e gentil.

Na disciplina positiva, o respeito deve ser mútuo, considerando a criança como portadora dos mesmos direitos de dignidade e respeito que todos os seres possuem.

Referências

MINATEL, I. *Temperamentos sem limites:* como conseguir resultados com crianças da raiva e com crianças da tristeza. Ed. 2. São Paulo: Novo Século, 2019.

NELSEN, J. *Disciplina positiva*: o guia clássico para pais e professores que desejam ajudar as crianças a desenvolverem autodisciplina, responsabilidade, cooperação e habilidades para resolver problemas. Trad. Bernadette Pereira Rodrigues e Samantha Schreier Susyn. Barueri: Manole, 2015.

SANDAHL, I. D.; ALEXANDER, J. J. *Crianças dinamarquesas*: o que as pessoas mais felizes do mundo sabem sobre criar filhos confiantes e capazes. Trad. André Fontenelle. São Paulo: Fontanar, 2017.

SIEGEL, D. J.; BRYSON, T. P. *O cérebro da criança*: 12 estratégias revolucionárias para nutrir a mente em desenvolvimento do seu filho e ajudar a sua família a prosperar. Trad. Cássia Zanon. São Paulo: nVersos, 2015.

SIEGEL, D. J.; BRYSON, T. P. *Disciplina sem drama*: guia prático para ajudar na educação, desenvolvimento e comportamento de seus filhos. Trad. Cássia Zanon. São Paulo: nVersos, 2016.

10

RESOLUÇÃO DE CONFLITOS FAMILIARES

ESTRATÉGIAS PARA LIDAR COM CONFLITOS DE MANEIRA CONSTRUTIVA

A resolução de conflitos familiares é um processo que visa solucionar desentendimentos e tensões entre membros de uma família de maneira construtiva e harmoniosa. Esses conflitos podem surgir por diversas razões, como diferenças de opinião, expectativas não atendidas, problemas financeiros ou questões relacionadas à criação dos filhos. Neste capítulo, abordaremos melhor esse tema!

FLÁVIA BARCELOS

Flávia Barcelos

Psicóloga clínica infantojuvenil e de adultos. Especialista em Terapia de Família e Casal (CESF – Centro de Estudos Sistêmicos da Família). Formação em Gravidez, Parto e Puerpério e Transtornos Alimentares pelo Ciclo Ceap/BH. Especialista em psicologia positiva. Psicóloga perita e supervisora em psicologia. Pós-graduação em Mediação e Conciliação de Conflitos (Centro de Mediadores Brasília/DF).

Contatos
flaviasimone@hotmail.com
Instagram: @psicologaflaviabarcelos
WhatsApp: 98 98255 9498

Nos dias de hoje, muitas famílias passam por problemas. Há muita tensão, falta de comunicação, incapacidade de lidar com as emoções, críticas desnecessárias e destrutivas, falta de apoio mútuo, uma atmosfera individualista e muito restrita a telas de celular. Um desequilíbrio gerador de vínculos fracos, "não ditos" e agressões veladas.

No núcleo familiar, embora haja amor e afinidades, existem também maneiras diferentes de pensar, agir e comunicar, surgindo as divergências e os conflitos.

Os terapeutas de família entendem que, para que a mudança seja positiva, deve-se tratar a unidade familiar. O todo!

Muitas famílias em conflito não mudam porque é mais fácil e mais cômodo deixar tudo como está por já terem "familiaridade" com o problema. O padrão adoecido já está instalado. E é difícil sair. Daí temos o termo: repetição de padrões familiares.

Porém, se a família se recusar a sair do sistema destrutivo, a pessoa que quiser mudar deve fazê-lo por si só, independentemente dos demais.

Eu sugiro sempre direcionar a metáfora: colocar o cinto de segurança antes de dirigir. Parece simples, mas faz toda a diferença! Isso significa criar um ambiente em que todos se sintam seguros para falar e, o mais importante, serem ouvidos.

Os conflitos podem acontecer em maior ou menor grau, dependendo de cada família e do temperamento de seus membros. Quando ocorrem em excesso, é ruim, porque isso desgasta a saúde familiar. Por outro lado, não ter qualquer conflito é algo que merece atenção, pois pode ser que existam pessoas deixando de se expressar para evitar atritos.

É preciso equilíbrio para que os membros da família tenham liberdade para falar sobre o que os incomoda, a fim de que, assim, possam resolver.

Os conflitos são recorrentes nas famílias e podem ser considerados destrutivos, envolvendo agressões verbais ou até físicas, isolamento, submissão, ameaças e exposição dos filhos. Em casos de divórcios culminam em alienação parental.

É importante entender que, diante de crianças e adolescentes, o casal deveria discutir temas menos controversos e intensos, além de procurar demonstrar segurança e proteção aos filhos.

O profissional deve estar atento, pois é comum que cada um queira falar sem ouvir o que o outro tem a dizer. Tal situação pode contribuir para dificuldades na resolução do conflito e a ocorrência de mais desentendimentos e estresse.

É necessário estabelecer escuta ativa, analisando o conteúdo da linguagem verbal e corporal e estabelecer relação empática com a família. Identificar a dinâmica de relacionamento, os pontos de comunicação, os "não ditos" e o silêncio que "grita". Orientar para que não haja julgamento de valores: "Ele é muito cabeça-dura!". Quebrar o hábito das decisões precipitadas. Buscar a compreensão e amadurecimento em cada crise familiar.

A falta de comunicação, que geralmente é fator gerador desses conflitos, associada às dificuldades individuais que cada um carrega pode acarretar diversos fatores negativos, tanto para o relacionamento amoroso dos pais quanto na criação dos filhos.

Quando existem conflitos não resolvidos, é muito provável que haja um distanciamento emocional da família, acarretando uma disfunção psicológica tanto dos pais quanto dos filhos. E, como em qualquer relação, há alianças e jogos de poder.

Antes de apresentar as estratégias, é importante se atentar a alguns pontos:

1. Compreensão dos fatores antecedentes ao conflito.
2. Compreensão da intensidade do conflito para cada membro da família.
3. Entender o formato de comunicação dos membros daquela família.
4. Entender as consequências do conflito naquela família.
5. Enumerar as reações físicas e emocionais decorrentes do conflito: alterações alimentares, de sono, consumo de álcool e outras substâncias, isolamento, medo, ansiedade ou depressão, raiva, ameaças, frustração, entre outras.

Sabemos que conflitos mal resolvidos geram frustração e raiva, criando um ciclo de discórdia e ambiente hostil.

A resolução de conflitos envolve um conjunto de estratégias e recursos para regulação da conduta das partes envolvidas.

A seguir, serão apresentadas estratégias para manejo dos conflitos:

- Identificar a melhor maneira de abordar o assunto: como, quando e o que falar.
- Ter um objetivo fundamentado (aonde chegar).
- Atentar-se ao modo de comunicação: falas agressivas/intimidadoras, "silêncios".
- Incentivar as falas em primeira pessoa: "Eu me sinto cansada com as louças para lavar em casa. Preciso de ajuda com as crianças". Ao contrário de: "Você não me ajuda em nada!".
- Não generalizar: "Eu sempre faço tudo e você nunca faz nada".
- Respeitar a fala do outro. Não insultar, não provocar.
- Utilizar frases curtas e claras: "Gostaria que me ajudasse nas tarefas escolares de nossos filhos".
- Focar nas mudanças que gostaria para o presente e futuro, e não focar no que já passou.
- Expor um problema de cada vez.
- Mostrar os sentimentos: "Me sinto sobrecarregada(o)".

- Assegurar que o outro está compreendendo suas necessidades e que estão falando a mesma língua. Perguntar se a pessoa compreendeu.
- Confirmar ou corrigir equívocos. Chegar a um acordo sobre o que foi dito.
- Ouvir a demanda do outro e como está se sentindo sem interromper. Evitar respostas reativas.
- Identificar uma solução em conjunto/busca por soluções: "Da próxima vez estarei mais atenta(o). Se eu não perceber, me avise, peça ajuda e estaremos juntos".
- Avaliar os fatores envolvidos que levaram à situação-problema.
- Propor uma solução que seja adequada ao casal e aos filhos (fase de negociação).
- Estabelecer o compromisso da mudança.

A proposta de resolução não é evitar completamente novos conflitos. Ao contrário, outros conflitos virão. A vida é isso! Contudo, identificar e entender se estão geridos de maneira eficaz, com resultados positivos a cada ocorrência.

Acompanhar:

Quando a estratégia estiver sendo utilizada pela família de maneira eficaz, é possível observar que a habilidade para a resolução de conflitos pode ter ajudado a:

- Resolver conflitos e conhecer melhor o outro.
- Fortalecer o ambiente familiar, aumentando a confiança e evitando problemas futuros.
- Conhecer a si próprio e suas limitações.
- Expressar as emoções.
- Melhorar a qualidade dos relacionamentos.
- Adotar o hábito de ouvir nas entrelinhas.
- Evitar iniciar uma conversa quando um dos membros está irritado/alterado.
- Entender com clareza a dimensão do problema na visão do outro.
- Reconhecer os próprios erros.
- Manter sempre a calma e o respeito.
- Exercitar a empatia e o perdão.

- Respeitar a individualidade de cada familiar.
- Observar o comportamento dos filhos – se estão confusos, afastando-se ou tomando partido.
- Praticar a comunicação não violenta e a escuta ativa e empática.
- Reduzir o uso de redes sociais e substituir por momentos de qualidade em família.
- Dar nome aos sentimentos, fortalecer os laços familiares e evoluir em inteligência emocional.
- Deixar a vida em família mais leve e divertida.
- Não adiar as conversas difíceis.

É importante sempre incluir a demonstração de afeto entre a família e o papel de cada um naquele ambiente. Colocar os filhos em seus lugares de "pequenos" e os pais na hierarquia natural.

A resolução de conflitos é uma arte que pode transformar discórdias em diálogos construtivos.

11

EDUCAÇÃO PARENTAL

BASE E FERRAMENTA QUE AUXILIA, TRANSFORMA E BENEFICIA FAMÍLIA E ESCOLA

No decorrer desta obra, leitores, famílias, educadores e profissionais da área do desenvolvimento e da saúde encontrarão capítulos que trazem um olhar ampliado, baseado em evidências científicas sobre a educação parental. Diante das demandas em um mundo com tantos estímulos, transformações constantes que impactam o comportamento e a rotina das famílias e das crianças, a aprendizagem de ferramentas que promovam o desenvolvimento físico e emocional de forma saudável se faz necessária para uma educação amorosa, respeitosa, acolhedora e também para a aquisição das competências socioemocionais necessárias, que serão importantes para o futuro, a fim de evitar traumas e conflitos nas gerações seguintes.

EDÍ HOLANDA

Edí Holanda

Mãe do Yan, educadora musical, educadora parental em diálogo com a psicanálise (parentalidade positiva e a psicanálise), professora steineriana, escritora, palestrante e terapeuta materno-infantil especialista em gestantes, aleitamento materno, bebês, crianças e adolescentes, atuando há 30 anos na docência e em orientação familiar. Certificada em Educação Musical e Docência pela UERGS. Autora do e-book *Musicriando momentos únicos – vivências musicais em família fortalecendo o vínculo*, coautora dos livros *Disciplina e afeto – como criar filhos emocionalmente fortes e preparados para o mundo* e *O mundo da criança – emoções e aprendizagem*, ambos publicados pela editora Literare Books International. Especialista em educação socioemocional e pesquisadora sobre o desenvolvimento humano. Multi-instrumentista, cantora, produtora, arranjadora e fundadora do Programa Musicriando de Acolhimento e Afeto Materno-infantil da Gestação à Primeira Infância. Presta consultoria e assessoria educacional, escolar e familiar. É diretora artística do Musicriando no Programa de Capacitação em Educação Parental e Musical para educadores da primeiríssima infância à adolescência.

Contatos
edimusical.wixsite.com/musicriando
edimusical@gmail.com
Instagram: @musicriando
Facebook: Edí Holanda
YouTube: Musicriando
11 95217 2383

O que as pessoas mais desejam é alguém que as escute de maneira calma e tranquila. Em silêncio. Sem dar conselhos. Sem que digam: "Se eu fosse você...". A gente ama não é a pessoa que fala bonito. É a pessoa que escuta bonito. A fala só é bonita quando ela nasce de uma longa e silenciosa escuta. É na escuta que o amor começa. E é na não escuta que ele termina.
RUBEM ALVES, O amor que acende a lua

Dedico este capítulo a toda a minha família: aos meus pais, avós e aos meus ancestrais, os quais teceram caminhos com erros e acertos, sorrisos, lágrimas e sabedorias para que eu pudesse estar aqui nesta existência, contribuindo com o olhar de uma nova educação parental pela ótica respeitosa, amorosa e acolhedora, podendo inspirar famílias, cuidadores e profissionais por meio de evidências científicas. Agradeço pelos aprendizados e partilhas com minhas irmãs e meu irmão, com meu esposo e com meu filho, com quem aprendo todos os dias nessa jornada única de amor e crescimento que é a maternidade.

Nossa família é nosso bem maior. Cuidar da família é nutrir a conexão, fortalecer o vínculo e construir a base sólida para o equilíbrio em todos os relacionamentos. A inspiração para escrever este capítulo vem da minha convivência profissional com todas as famílias e crianças que atendo de longa data no exercício do magistério, como professora musicista em sala de aula e como educadora parental nas práticas do programa *Musicriando* e da parentalidade consciente, empática, gentil e acolhedora. Agradeço às famílias e aos profissionais que oriento por meio da educação parental, pois transformam e iluminam o meu caminho e daqueles a minha volta.

A infância é o chão sobre o qual caminharemos o resto de nossos dias.
LYA LUFT

Lya Luft (talentosa escritora gaúcha) nos apresenta de maneira poética uma reflexão já comprovada pela ciência sobre como o modo que a criança é cuidada na infância impacta toda a vida adulta. Com base nessa colocação, vamos discorrer sobre os benefícios da educação parental.

Benefícios da educação parental para crianças, famílias, cuidadores, educadores e escola

Desde a gestação, passando pelos primeiros anos da criança, a base que se forma a partir das relações e do espaço em que ela convive é determinante para um desenvolvimento físico, cognitivo e emocional saudável. É na primeira infância que as crianças compreendem o mundo e começam a criar suas identidades.

Se for proporcionado à criança um acolhimento gentil, relações respeitosas e ambiente seguro, naturalmente ela terá um desenvolvimento com aprendizado livre de traumas.

Muitas famílias e escolas têm buscado a educação parental para poder gerenciar com mais segurança os desafios da criação e se relacionar melhor, buscando:

- Uma criação respeitosa.
- Tirar dúvidas e inseguranças sobre como agir nas ações e diálogos com a criança em todas as suas fases e na adolescência.
- Saber lidar com os desafios da atualidade nas novas gerações.

- Desenvolver competências socioemocionais, inteligência emocional e trabalhar a resolução de conflitos.
- Aquisição de ferramentas efetivas e afetivas que fortalecem vínculos e constroem memórias positivas para a vida toda.
- Trabalhar a autoeducação, pois a própria palavra diz: educação parental é também educação para pais, a fim de quebrar crenças e práticas ultrapassadas. Faz diferença contar com o auxílio de um profissional educador parental para olharmos para o modo como fomos educados e o estilo parental que praticamos, a fim de refletirmos se estamos repetindo padrões de comportamentos que não fazem mais sentido ou se estamos inovando, pensando na saúde emocional de quem educa e de quem é educado.

Quem cuida precisa ser cuidado

Se deseja ajudar uma criança, cuide dos adultos que cuidam dela.
JOHN BOWLBY

A educadora e especialista em neuroeducação Irene Reis, em sua página "Reinventando a Educação", comenta: "É importante apoiar cuidadores e responsáveis pelas crianças", e complementa que quando cuidamos dos adultos, estamos indiretamente criando um ambiente seguro e amoroso para as crianças crescerem.

Irene ainda deixa uma reflexão: "Como podemos oferecer suporte aos pais, professores e outros cuidadores? Quais ações podemos tomar para fortalecer as redes de apoio em nossa comunidade?".

Deixo aqui essa reflexão da especialista para que possamos usá-la como exercício em nossas práticas profissionais ou familiares, a fim de promover a qualidade de vida e leveza em quem cuida ou educa.

> Cuidar de si: é dar atenção plena, é ouvir as próprias necessidades e procurar nutri-las cuidando do interno e do externo para construir repertório de autocuidado e poder ofertar ao outro quando precisar. Precisamos nos nutrir com ferramentas de autocuidado para poder ofertar cuidados necessários aos outros.
> (EDÍ HOLANDA)

Algumas considerações importantes sobre o autocuidado:

- Na família ou no trabalho (independentemente da área de atuação profissional).
- Olhe para si procurando sentir como está emocionalmente. Está se sentindo bem? Está inquieto com algum pensamento ou questão? Sente algum desconforto? Ao observarmos como estamos, já colocamos em prática o autocuidado para que em momentos de resolução de conflitos não descarreguemos nossas inquietudes no próximo (seja com o adulto ou com a criança). A sugestão mais assertiva e acolhedora é a autorregulação das emoções para depois auxiliar na regulação emocional do outro.
- Um olhar gentil na busca do que nos incomoda internamente também auxilia na saúde emocional. Acolher as emoções seja da equipe na qual você trabalha, seja suas emoções, ou mesmo das crianças e dos adolescentes, é o início da prevenção das doenças emocionais.
- É urgente levar a educação parental atuando nas famílias, com os profissionais das áreas do desenvolvimento e da educação, dentro das escolas, preparando os professores a transformar desafios em oportunidades, pois mais do que ensinar a ler e escrever, ou conteúdos de matérias, é necessário trabalhar a saúde emocional, pois um aluno que não está bem emocionalmente não estará bem para a aprendizagem.

Para concluir, nas atualizações da Organização Mundial da Saúde (NOVA ESCOLA, 2023) consta que, até 2030, a depressão e a ansiedade serão as doenças mais comuns no mundo, afetando mais pessoas do que qualquer outro problema de saúde. Nessa atualização, cerca de 450 milhões de pessoas no mundo sofrem de transtornos mentais. Ao investirmos em autoconhecimento, desenvolvimento socioemocional e inteligência emocional, promovemos saúde mental.

O termo "parental" é relativo a pais e, ampliando nossa reflexão, chegamos à conclusão de que educação parental também é uma autoeducação dos pais (ou responsável) para estarem munidos de conhecimentos e práticas que dão suporte a uma comunicação positiva, principalmente em um mundo em que as transformações são diárias e alteram a rotina, o comportamento etc.

A comunidade de Educação Parental Clube Canguru, em seu artigo do e-book *Seis passos para um relacionamento forte entre pais e filhos*, descreve dez ações para cuidar de si com carinho, pois famílias, educadores e cuidadores que praticam o autocuidado reduzem o estresse e estimulam os neurotransmissores que trazem bem-estar, refletindo, consequentemente, felicidade na família, na criança, no adolescente, em quem é cuidado.

São as seguintes práticas:

1. Tempo de qualidade com outros adultos queridos.
2. Sono regular.
3. Atividade física regular.
4. Alimentação saudável e consciente.
5. Tempo ao ar livre.
6. Momentos para aprendizado contínuo.
7. Hobbies e paixões pessoais.
8. Meditação ou momentos de introspecção e calma.
9. Desconectar digitalmente.
10. Tempo de descansar.

Educar em todas as suas esferas não deveria ser intuitivo...

> [...] com a educação parental, os adultos têm subsídios para tomar as melhores decisões a favor da criança, compreendem como fazê-la sentir-se segura e apoiada e, assim, seus filhos poderão ter mais confiança em suas habilidades e facilidade para se comunicar com outras pessoas de modo saudável. (FAZ EDUCAÇÃO, 2022)

Famílias ou escolas que são auxiliados por um profissional da educação parental e que aplicam a educação positiva podem usufruir de uma educação mais leve, desenvolvem competências e habilidades socioemocionais, evitando traumas, conflitos e aprendem técnicas para dar apoio à criança na regulação emocional. Os benefícios são potencializados ainda mais quando as famílias têm um acompanhamento de um profissional da educação parental desde a gestação, pois desenvolvem mais confiança em orientar e educar de modo consciente.

A autoeducação e o autoconhecimento de quem cuida favorecem positivamente para resolução de conflitos, regulação das emoções desafiadoras como a raiva, a frustração, a insegurança, a baixa autoestima; muitas vezes quando não trabalhadas, essas e outras emoções geram dificuldades de relações interpessoal e intrapessoal. Educar em todas as suas esferas não deveria ser intuitivo, pois envolve conhecer a evolução dos estudos sobre neurociência, neuroplasticidade, neurotransmissores, inteligência emocional, maturação do cérebro e tantos outros estudos que fornecem informações de como acontece o desenvolvimento infantil preparando o adulto que cuida ou educa, para saber o que esperar de cada fase do desenvolvimento e como apoiar ou estimular a criança de maneira gentil, priorizando a saúde física e emocional.

A partir dessas reflexões discorridas aqui, podemos chegar a uma premissa de que é essencial que famílias e escolas estejam munidas das técnicas da educação parental ou até mesmo terem um acompanhamento de um profissional nessa área para exercitar a comunicação empática, dando suporte, educando, acolhendo e apoiando as crianças ao ponto de se sentirem seguras nas relações familiares ou escolares, sem sentirem medo de expor seus sentimentos e suas necessidades emocionais. Famílias, educadores e cuidadores munidos de conhecimentos que validam e acolhem os sentimentos das crianças e dos adolescentes os prepararão melhor para gerirem e regularem as emoções, adquirindo autoconhecimento.

Parentalidade positiva: um grande passo na prevenção da violência contra crianças e adolescentes. Lei 14.826/2024

> *Ouvir as crianças vai muito além do ouvido. É reconhecer que elas falam por gestos, atitudes, postura, e também silêncios.*
>
> ADRIANA FRIEDMAMM,
> *Abrir-se à escuta das vozes infantis*

A lei 14.826/2024, de 20 de março de 2024, aprovada pelo Senado, torna direito a parentalidade positiva para uma infância sem violência com o direito de crescer em um lar harmônico e seguro. Parentalidade positiva como um recurso de harmonia familiar. Esse apoio federal é um incentivo muito importante na proteção da infância.

> A nova legislação define a parentalidade positiva como o processo de criação dos filhos baseado no respeito, no acolhimento e na não violência. O texto determina ao Estado, à família e à sociedade o dever de promover o apoio emocional, a supervisão e a educação não violenta às crianças de até 12 anos de idade. (AGÊNCIA SENADO, 2024)

A família não nasce pronta; constrói-se aos poucos e é o melhor laboratório do amor. Em casa, entre pais e filhos, pode-se aprender a amar, ter respeito, fé, solidariedade, companheirismo e outros sentimentos.
LUIS FERNANDO VERISSIMO

O artigo do e-book *Seis passos para um relacionamento forte entre pais e filhos*, da comunidade de Educação Parental Clube Canguru, nos traz uma relação dos benefícios sobre famílias que passam tempo de qualidade com seus filhos: fortalece a conexão e o vínculo, desenvolve a sensação de confiança, contribui para a regulação das emoções, constrói memórias afetivas etc.

O que podemos promover em família, de forma lúdica, para um fortalecimento de vínculo:

1. **Ler em família**: promove o diálogo, a análise das histórias e alinhamento dos pontos de vista.
2. **Rodas com brincadeiras de jogos de tabuleiro, quebra-cabeças**: incentivam o trabalho em equipe.
3. **Cozinhar em família**: promove desenvolver habilidades práticas.
4. **Atividades na natureza**: passeios ou caminhadas ao ar livre promovem presença plena e oportunidade para diálogos.
5. **Artes manuais**: pintura, argila e desenho promovem a expressividade.
6. **Atividades físicas**: promovem bem-estar, equilíbrio das emoções.
7. **Assistir a filmes na TV ou no cinema, em família,** apropriados à idade; observar e comentar as impressões que a história traz consigo.
8. **Trabalho voluntário em família**: promove a empatia e o valor de retribuir.

Ao realizar essas atividades, não as faça por fazer; olhe no olho da criança ou do adolescente, conecte-se, promova a escuta para que a criança consiga expressar seus sentimentos e crie um ambiente acolhedor, que passe segurança emocional.

O que podemos promover na escola de maneira lúdica para um fortalecimento de vínculo:

- Atividades que envolvem a arte, como a música, o teatro, a dança, o desenho, a pintura e as artes plásticas, proporcionam a expressão do jovem ou da criança, despertando a criatividade, o autoconhecimento, a superação de limites e a empatia, além de estimularem áreas do cérebro que não são acessadas pela escrita e a oralidade.
- Atividades com a literatura ampliam vocabulário, desenvolvem a criatividade, imaginação, a expressão dos pensamentos e sentimentos. A arte promove uma conexão com todas as áreas do conhecimento; sendo assim, estabelece múltiplas possibilidades de trabalhar as relações, as expressões e todas as potencialidades.

Concluo este capítulo lembrando de uma frase de Carter Bayton: "Você tem que tocar o coração antes de chegar à mente", e desejando que escolas e famílias possam, através da educação parental, fortalecer a relação entre pais e filhos, educadores e alunos, e que utilizando-se desse recurso valioso passem pelos desafios e fortaleçam a saúde emocional, construindo assim alicerce sólido para a resiliência, para o autoconhecimento e para os relacionamentos saudáveis durante toda a vida.

Referências

AGÊNCIA SENADO. Sancionada lei de incentivo à não violência contra a criança. *Senado Notícias*, 21 mar. 2024 Disponível em: https://www12.senado.leg.br/noticias/materias/2024/03/21/sancionada-lei-de-incentivo-a-nao-violencia-contra-crianca. Acesso em: 18 jul. 2024.

CANGURU NEWS. 6 passos para um relacionamento forte entre pais e filhos. *Canguru News*, 15 dez. 2023. Disponível em: https://cangurunews.com.br/6-passos-para-um-relacionamento-forte-entre-pais-e-filhos/. Acesso em: 18 jul. 2024.

EDUCAÇÃO parental: o que é e quais são os benefícios para sua família. *Faz Educação & Tecnologia*, 30 mar. 2022. Disponível em: https://fazeducacao.com.br/educacao-parental/. Acesso em: 18 jul. 2024.

GOLEMAN, D. *Inteligência emocional*: a teoria revolucionária que redefine o que é ser inteligente. Trad. Marcos Santarrita. Rio de Janeiro: Objetiva, 2011.

NELSEN, J. *Disciplina positiva*: o guia clássico para pais e professores que desejam ajudar as crianças a desenvolverem autodisciplina, responsabilidade, cooperação e habilidades para resolver problemas. Trad. Bernadette Pereira Rodrigues e Samantha Schreier Susyn. Barueri: Manole, 2015.

NELSEN, J. et al. *Disciplina positiva para crianças de 0 a 3 anos*: como criar filhos confiantes e capazes. Trad. Bernadette Pereira Rodrigues e Fernanda Lee. Barueri: Manole, 2018.

NOVA ESCOLA. Saúde mental: como cuidar de toda a comunidade escolar. *Nova Escola*, 6 set. 2023. Disponível em: https://novaescola.org.br/conteudo/21745/ebook-saude-mental-na-escola. Acesso em: 18 jul. 2024.

SIEGEL, D. J.; BRYSON, T. P. *O cérebro da criança*: 12 estratégias revolucionárias para nutrir a mente em desenvolvimento do seu filho e ajudar a sua família a prosperar. Trad. Cássia Zanon. São Paulo: nVersos, 2015.

12

COMO EQUILIBRAR AS NECESSIDADES EDUCACIONAIS E CUIDADOS DA CRIANÇA NEURODIVERGENTE COM AS NECESSIDADES DOS PAIS

Na atualidade, é preciso analisar a importância do trabalho em conjunto no processo de aprendizagem da criança neurodivergente e seu desenvolvimento como indivíduo, para, assim, tentar compreender a importância da família no ambiente escolar e os desafios encontrados perante as leis estabelecidas pelo Estado e a realidade dessa fusão.

CÉLIA MACAGNAN

Célia Macagnan

Pedagoga graduada pela Universidade Castelo Branco, com pós-graduação em Educação Especial pela Universidade Cândido Mendes. Pós-graduada em Psicopedagogia pela Universidade Candido Mendes. Mestre em Educação pela Universidad Europea del Atlántico (UNEATLANTICO). Mestre em Formação de Professores pela Universidad Internacional Iberoamericana (UNINI). Doutoranda em Educação pela Universidad Internacional Iberoamericana (UNINI). Proprietária da clínica Movimento Neurológico Estimulação & Desenvolvimento Neurocognitivo em Curitiba/PR.

Contatos
celiamacagnan@hotmail.com
lattes.cnpq.br/1241228278832990
Instagram: @celiamacagnan
Facebook: Celia Macagnan
41 99953 9873

Historicamente, a escola padronizou um processo educacional apenas para um grupo privilegiado da sociedade. Com o passar dos anos, programas sociais e leis estabeleceram a educação como parte fundamental da sociedade. Entretanto, crianças com necessidades diferenciadas de aprendizagem tinham dificuldades ao acesso no ambiente escolar por parte até mesmo da própria família, com a tentativa de zelar ou por achar que a criança não se adaptaria ou que viveria em eterna limitação.

A educação inclusiva, assegurada pela lei, tem por objetivo o ensino de qualidade para toda e qualquer criança ou adulto, incluindo aqueles com algum tipo de deficiência física ou intelectual. Por isso, não deve haver discriminação na hora de educar uma criança sem ou com deficiência, pois, seja qual for a necessidade especial, o aluno tem direito de aprender junto a um colega que não tenha nenhuma necessidade especial.

O grande objetivo da inclusão é o respeito à diferença para que possa satisfazer as necessidades básicas de todos e promover a educação inclusiva no meio social. Devido a isso, é preciso refletir sobre a educação em geral para pensarmos na inclusão da pessoa com deficiência.

O âmbito familiar é onde a criança presencia os primeiros sinais de aprendizagem, por isso a grande importância da família no ciclo do desenvolvimento educacional, principalmente nos casos de aprendizagem de crianças com algum tipo de limitação.

Os direitos humanos e o conceito de cidadania fundamentada no reconhecimento das diferenças e importância da educação para todos garantiram que a educação não fosse restrita a apenas uma parte específica da sociedade.

As buscas por meio das leis para promover a inclusão são notórias e crescentes, porém, na prática, quando frequentamos as escolas, percebemos que as coisas não estão bem assim, pois a escola tem que acolher, os professores devem favorecer a um ambiente de inclusão e cabe ao corpo pedagógico auxiliar aos demais alunos sobre a necessidade de acolher esse novo aluno. No entanto, percebemos que as estruturas física e metodológica nas escolas públicas e privadas, muitas vezes, não estão preparadas, gerando uma certa incoerência no discurso, podendo refletir, inclusive, no relacionamento entre os alunos.

> É chegada a hora de a escola oferecer oportunidades a todos os alunos indiscriminadamente, como um direito essencial na vida de cada cidadão, inclusive os com necessidades especiais. Assim, a escola regular precisa se preocupar em refletir com seus alunos o conceito de diferença e de especial, salientando que não são somente os alunos com necessidades especiais que são diferentes e especiais, mas todos nós e que as mesmas oportunidades devem ser dadas a todos, para que possam obter sucesso em sua vida escolar e pessoal e, assim, exercer a cidadania. (SANTOS, 2008, p. 28)

Para uma educação de qualidade, na qual valores como a igualdade e o respeito às diferenças sejam prioridades, é necessário um envolvimento total de toda a comunidade escolar, ou seja, escola, família e sociedade, uma vez que a criança está inserida nessa sociedade e seu convívio com os demais lhe trará e formará melhor seus valores. Picanço (2012, p. 2) acrescenta ainda que:

> Na escola existe todo um conjunto de professores capazes de poder ajudar e acompanhar não só os alunos como também os encarregados de educação, podendo, neste caso, dar pistas educativas, com vista a que os pais possam e consigam perceber as dificuldades e lacunas a preencher nas mais variadas disciplinas. Tudo isto tornaria a relação entre escola-família um pouco mais próxima e promotora de uma saudável construção relacional.

Com isso, a família e a escola tornam-se peças fundamentais para uma educação de qualidade. Os objetivos da educação serão alcançados mais facilmente quando a escola e a família trabalham em conjunto, promovendo assim uma parceria em busca de uma melhor formação pessoal da criança.

Um acompanhamento mais próximo da família na escola refletirá positivamente em vários aspectos; acreditamos, inclusive, que a falta de tal acompanhamento pode contribuir para os problemas de indisciplina e interferir no relacionamento entre os alunos.

Rozek e Viegas compreendem que a educação especial tem sido uma temática muito discutida no processo envolvendo a educação formal e a questão de inclusão e integração da criança com deficiência no âmbito educacional e na sociedade.

Esse entendimento e participação devem ser compreendidos em seu meio educacional, familiar e social. Novas metodologias, espaços e educadores mais bem preparados abrem possibilidades para que a inclusão seja mais natural possível, uma vez que este aluno está conhecendo um mundo novo. Assim, conforme Omote (2008, p. 24), "exige uma grande revisão nas práticas pedagógicas tradicionais" para que se atinja esse objetivo.

Espaços criativos e lúdicos proporcionam que esse universo seja mais bem compreendido, já que favorece a interatividade e proporciona liberdade para que se expresse melhor sem restrições, pois englobar a brincadeira no meio educacional pode trazer diversos benefícios, inclusive auxiliar no processo de inclusão.

Pode-se verificar que os desafios de uma educação de qualidade e que tenha como base o respeito e valorização das diferenças são cada dia maiores e mais complexos. Isso se deve a dois fatores:

1. A cada dia, mais pessoas têm acesso às escolas públicas. Programas do governo visam incluir o número máximo de crianças na escola e a permanência delas no processo de ensino está atrelada, muitas vezes, a programas sociais, como o programa Bolsa Família, que está ligado diretamente à frequência escolar.
2. Com o aumento no número de estudantes, consequentemente cresce a diversidade na escola e os problemas aumentam, cabendo ao corpo pedagógico adaptar-se a essa nova realidade e traçar estratégias para a diminuição ou, de preferência, a extinção dos conflitos ligados às diferenças no ambiente escolar.

Portanto, podemos afirmar que as ações do governo nos últimos anos vêm de encontro à promoção da igualdade no ambiente escolar e que, assim, se faz valer a Constituição, em que todos têm direito à educação. Isso é um grande passo para uma sociedade mais igual, pois essa igualdade começa na escola, assim como afirma Candau:

> É possível afirmar que o desenvolvimento do direito à educação no nosso país, certamente um processo acelerado nas últimas décadas, pode ser caracterizado por duas ênfases: a expansão da escolarização e a afirmação da construção de uma educação escolar comum a todos, na perspectiva da afirmação da igualdade. (CANDAU, 2012, p. 720)

Percebemos a adequação no ambiente escolar de forma lenta, mas acontecendo. Contudo, deparamo-nos com problemas como insegurança familiar, falta de informação ou estrutura, inadequação e o próprio medo.

Assim, a presença da família e o modo como ela desenvolve esse conhecimento com a criança se fez de extrema importância, uma vez que refletirá na própria segurança da criança ou adolescente para conviver e aprender em um novo ambiente apresentado.

Como sabemos, é nos primeiros anos de vida que tiramos boa parte do conceito de vida; com isso, Buscaglia também reforça a importância da consistência dessa estrutura familiar, principalmente em fase inicial da vida: "É nesse momento que receberão ajuda para formar atitudes básicas em relação à sua ótica futura – otimismo/pessimismo, amor/ódio, crescimento/apatia, segurança/frustração, alegria/desespero – e ao aprendizado em geral". (BUSCAGLIA, 1993, p. 36)

A ambientação e estrutura física trazem certa segurança, pois ali é um território conhecido, onde os medos e receio de julgamento não existem ou já foram superados.

Dessa maneira, o elo entre família e escola deve ser constante, pois assim a individualidade e o conhecimento das estruturas necessárias, e até mesmo a escolha da metodologia e a convivência ideal, podem ser utilizadas conforme a real necessidade do aluno, mas de tal forma que este não se sinta excluído, e sim interagindo socialmente.

Desenvolver a afetividade é um forte aliado, pois sentir-se seguro é um ponto alto na concepção do mundo externo. A família é a resposta do que a criança com deficiência quer encontrar, referente à segurança que sabe que está presente naquele ambiente. Promover esse elo também no ambiente escolar é fundamental e, com o apoio da família que, sendo presente nas questões escolares, passa para a criança, até de forma indireta, que ali também encontrará pessoas legais e que será bem recebida e bem tratada. Trabalhar a autoestima e a afetividade torna esses fatores grandes aliados para um desenvolvimento educacional positivo e evolutivo.

> Atribui-se aos pais a responsabilidade pela formação da autoestima da pessoa com deficiência, vinculando-se, portanto, à sua função quanto a formação emocional. Consequentemente, os pais contribuem para a superação dos efeitos negativos da deficiência, favorecendo, assim, a própria aceitação de sua condição. (ROSS, 1998, p. 241)

O aprendizado com o ambiente desenvolvido de modo que incentive professores estruturados, além da família presente, transforma barreiras em possibilidades.

Assim, o vínculo entre família e escola pode acrescentar e desenvolver um ambiente e práticas que tragam benefícios para despertar e desenvolver vários pontos da criança. E justamente o contato com a família pode proporcionar um avanço ainda mais positivo, uma vez que a metodologia, de maneira sadia, pode ser estendida em casa, nos deveres e até mesmo atividades interativas.

> [...] a família, principalmente durante os anos escolares, deveria educar as crianças em um ambiente democrático: "[...] são os estilos educativos democráticos, por sua judiciosa combinação de controle, afeto, comunicação e exigências de maturidade, os que propiciam um melhor desenvolvimento da criança". Se a criança não tiver uma base sólida na família, com uma educação democrática, afetuosa, crítica e valores positivos, as características pessoais podem sofrer alterações radicais, direcionando a mesma às boas ou más atitudes. (COLL, 1995, p. 251)

Conforme Coll (1995), desenvolver uma relação entre a escola e a família proporciona para a criança a possibilidade de assimilar convivências; a construção da sua identidade; assim, o olhar voltado para a individualidade de cada criança pode proporcionar um grande avanço em seu desenvolvimento educacional. Investir em novas metodologias também colabora para que isso seja, a cada dia, mais bem aplicado.

Entender as rotinas e os hábitos ajuda a compreender as tendências, que acontecem com qualquer indivíduo, porém, quando falamos em educação especial, deve sim, ter uma melhor maneira para incluir esse aluno, até a chegada hora em que o ambiente se torne familiarizado. E tudo isso somente é possível com o apoio familiar presente, bem como o apoio de educadores e pedagogos.

Atividades lúdicas complementam em muito essa interatividade. Atribuir o aprendizado e a interatividade com outros alunos por meio de jogos, histórias, brincadeiras, música, entre outras várias possibilidades faz que o ambiente escolar deixe de ser um local chato e seja um ambiente interessante, curioso e estimulante.

O envolvimento da família é muito importante no processo educacional de uma criança, não sendo este singular e reservado apenas para a escola. Quando trabalhados em conjunto, estes processos se complementam e tornam-se o melhor caminho para: o estabelecimento de vínculos, a conquista da atenção e para tornar-se um facilitador no estabelecimento de ligações afetivas sólidas para a criança. Esse processo é um auxílio extremamente eficaz ao professor.

Referências

BRASIL. *Política nacional da educação especial na perspectiva da educação inclusiva*. Disponível em: http://portal.mec.gov.br/arquivos/pdf/politicaeducespecial.pdf. Acesso em: 20 mar. 2024.

COLL, C. *Desenvolvimento psicológico e educação:* necessidades educativas especiais e aprendizagem escolar. Porto Alegre: Artes Médicas, 1995.

CUNHA, D. M. A formação humana entre o conceito e a experiência do trabalho: elementos para uma pedagogia da atividade. *Trabalho & Educação*, Belo Horizonte, v. 15, n. 1, p. 87-90, mai. 2012.

OMOTE, S. Diversidade, educação e sociedade inclusiva. *In*: OLIVEIRA, A. A. S. *et al. Inclusão escolar: as contribuições da educação especial.* Marília: Fundepe, 2008, p. 15-31.

PICANÇO, A. L. B. *A relação entre escola e família*: as suas implicações no processo de ensino e aprendizagem. Dissertação (Mestrado em Supervisão Pedagógica) – Escola Superior de Educação João de Deus, Lisboa, 2012.

ROSS, P. R. Pressupostos da integração: integração frente à realidade educacional. *In*: III CONGRESSO IBERO-AMERICANO DE EDUCAÇÃO ESPECIAL, vol. 3, 1998, Foz de Iguaçu. *Anais* [...] Brasília: Ministério da Educação, 1998, p. 239-243.

13

COMO O AUTOCONHECIMENTO PODE AJUDAR NO PROJETO DA PARENTALIDADE CONSCIENTE

Neste mundo em que não temos tempo para nada, criar filhos é um desafio ainda maior; nestes tempos, em que todos estão distraídos com seus celulares, vivendo em mundos paralelos, conseguir se conectar e se relacionar de modo saudável com seus filhos é algo quase inalcançável.

JOSLAINE RAMPAZO GASPAR PINTO

Joslaine Rampazo Gaspar Pinto

Mãe do Rooney (2001) e do Arthur (2005). Formada em *Life Coaching* pela Abracoaching em 2018. Educadora parental certificada em Disciplina Positiva pela Associação Brasileira de Disciplina Positiva (PDA) em 2019. Facilitadora em parentalidade consciente, certificada pela primeira turma formada no Brasil da Life Training em 2022.

Contato
@manualdamaeconsciente

Ensina a criança no caminho em que deve andar, e ainda quando for velho, não se desviará dele.
PROVÉRBIOS 22:6

Se ninguém lhe contou até agora, gostaria de chamar à sua atenção que a parentalidade é um projeto de longo prazo (a vida toda), porém os primeiros três anos é um trabalho em período integral; nos próximos 10 anos um trabalho de meio período; entre os 13 anos e até os 17 anos podemos monitorar este projeto a cada dois dias; após os 17 anos duas vezes por semana; aos 21 anos uma vez por mês; e no decorrer fazer um acompanhamento a distância a partir dos 25 anos. Então, o que devemos ter em mente é que não é preciso "consertar" o filho, mesmo porque ele não está quebrado. A criança pode ter comportamentos que talvez não sejam exatamente o que você espera; logo, é preciso ajustar as expectativas para a idade da criança e, depois, ajustar aos poucos os comportamentos por nós julgados inadequados, e como isso vai ser feito determinará o futuro dessa relação.

Como conheci a parentalidade consciente?

A parentalidade consciente chegou na minha vida quando eu já havia me desconectado dos meus filhos. Foi, na realidade, um resgate da mãe que eu gostaria de ser e, a partir desse conhecimento, consegui novamente ter um diálogo franco e honesto com meus filhos, o que possibilitou uma adolescência mais tranquila e respeitosa na minha casa. Convido você a conhecer os quatro pilares da parentalidade consciente e espero que façam tanto sentido para você como fizeram para mim, em minha trajetória como mãe.

1º pilar: igual valor

Neste pilar vamos desenvolver na criança a autoestima, pois se me amam incondicionalmente, eu aprendo a me amar também.

Vamos deixar claro que não estamos falando de posição de pai e mãe adultos em relação à condução da parentalidade, mas que, enquanto humanos, temos o mesmo valor, expressamos emoções (sensações físicas de sono, fome etc.), temos necessidade de expressar nossa opinião, sermos vistos. Independentemente de ser adulto ou criança, devemos incentivar a criança a falar o que sente, e é o adulto que vai permitir que a criança exerça esse direito ou não.

2º pilar: respeito pela integridade

Neste pilar a criança aprende o autorrespeito até onde os outros podem ir, os limites claros para que eu não seja agredido (física, emocional e psicologicamente).

O respeito à integridade é fundamental para construir relacionamentos baseados na confiança, na honestidade e na cooperação. A valorização da integridade contribui para a criação de sociedades mais justas e equitativas. Ao respeitar a integridade dos outros, evitamos conflitos e promovemos a paz. A integridade pessoal é um valor que contribui para o autoconhecimento e para o desenvolvimento de uma vida mais plena e significativa.

Agora, o respeito pela integridade é realizado quando consigo enxergar as minhas emoções, os meus pensamentos, os meus valores, o que está confortável para mim até aquele momento. Nesse ponto, quando consigo enxergar o que o meu filho está sentindo, consigo respeitá-lo e ajudá-lo a suprir suas necessidades. Quando você consegue respeitar a sua integridade, conseguirá respeitar o seu filho e assim o ajudará no desenvolvimento da empatia e compaixão por si e pelos outros, aprendendo a respeitar-se e não apenas fazer as coisas para agradar aos outros.

3º pilar: autenticidade

O terceiro pilar, autenticidade, representa a busca pela verdade, pela originalidade e pela genuinidade em todos os aspectos da vida. É a valorização do que é real, sincero e próprio, em oposição àquilo que é falso, artificial ou copiado.

Em diferentes contextos, a autenticidade pode se manifestar como:

- Autenticidade pessoal: ser verdadeiro consigo mesmo, expressar seus próprios pensamentos e sentimentos sem medo de julgamentos.
- Autenticidade nas relações: construir relacionamentos baseados na honestidade, na transparência e na confiança mútua.
- Autenticidade na comunicação: expressar-se de forma clara, direta e honesta, evitando a manipulação ou a omissão de informações.
- Autenticidade na criatividade: criar algo original e único, que reflita a própria identidade e perspectiva.

A autenticidade é expressada quando me sinto seguro e à vontade para ser quem eu sou, e ela deve ser respeitada em momentos de harmonia e de conflito. Esse é um assunto que gera muita polêmica, pois normalmente em momentos de conflito a autenticidade das crianças é gritar, jogar o que tem à mão etc., e nesse momento o adulto da relação precisa saber conduzir a situação sem extinguir a autenticidade (quando a criança expressa exatamente o que está sentindo). Quando acontece a livre expressão dos sentimentos, os adultos devem conduzir a situação da melhor maneira para que possa haver a transformação. Por exemplo: quando uma criança expressa a raiva com muita violência, o adulto precisa orientá-la para que consiga falar que não ficou satisfeita com a situação, porém de modo adequado, o que obviamente não vai ocorrer na hora, já que é preciso existir um momento para refletir sobre o que aconteceu.

Outra situação é quando o adulto percebe que a criança não gostou de algo e não sabe como se expressar e consegue conduzir a situação de maneira que esta criança crie recursos internos para verbalizar o que verdadeiramente está sentindo. É um trabalho muito personalizado e que precisa de muita observação e tempo para conversas e explicar o que se sente, que é normal sentir o que não pode e exagerar na reação.

A autenticidade é muito importante para o bem-estar emocional da criança, pois contribui para uma maior autoestima e bem-estar emocional, permitindo-lhe que sinta mais conexão consigo e com os outros; é fundamental para a construção de relacionamentos mais profundos e significativos baseados na confiança e na reciprocidade, inovando a autenticidade do pensamento encontrando "soluções para seus 'problemas'"; dessa forma ela constrói uma valorização maior da honestidade, coerência e fidelidade de seus próprios valores, respeitando o limite permitido pela idade.

4º pilar: responsabilidade pessoal

É a responsabilidade que cada um tem pelo que se está sentindo, fazendo, falando etc., e nós, adultos, devemos ensinar aos nossos filhos, desde muito cedo, a verbalizar suas necessidades, pois colocamos as necessidades sociais à frente das pessoais e acabamos, muitas vezes, frustrados e nem entendemos o porquê. Passamos por cima de todas as vontades para agradar aos outros e delegamos a nossa responsabilidade a terceiros; portanto, é muito importante que o assunto entre nas conversas desde cedo e devemos deixar muito claro para as crianças que elas têm essa responsabilidade e devem zelar por ela.

Conhecendo esses pilares, e dando espaço para os meus filhos expressarem tudo o que estavam sentindo sem julgamentos, acolhendo as suas demandas, consegui me reconectar e iniciarmos uma relação muito respeitosa que dura até hoje.

Precisamos entender que cada vez que acontece uma interação com o(a) filho(a) estamos comunicando algo, independentemente da idade.

Quando cuidamos de um bebê, a maneira como trocamos a fralda vai comunicar a essa criança se o mundo é amável ou hostil; a maneira como eu vou alimentá-lo comunica se ele tem que comer naquele horário ou se ele é respeitado ao sentir fome. Todos esses processos são feitos de modo automático e nem imaginamos que estamos transmitindo o modo como ele vai enxergar/relacionar-se com o mundo.

Quando ele começa a andar, é impedido de explorar o mundo ou lhe é permitido sentir, testar e aprender com as suas observações, pois é assim que ele vai construindo seu raciocínio lógico quanto ao que pode ou não fazer, ao que machuca ou não. São nessas experiências que as habilidades de vida vão sendo construídas.

"Ah, mas então eu vou deixar a criança fazer o que quer?"

Não é bem assim. Dentro da visão da parentalidade consciente, eu sei da necessidade dessa construção para o projeto de longo prazo desse humano, então, vou criando condições para que ele se desenvolva da melhor maneira possível, com estímulos para cada faixa etária.

"Ah, eu não tenho tempo nem condições para isso!"

Então vamos conversar sério: se você sabe que seu filho precisa de um medicamento que vai ajudá-lo em alguma questão de saúde, vai se negar a dar? Acredito que não; então, se eu digo que seu filho precisa de um medicamento que vai desenvolver a mente dele, você não vai nem ao menos experimentar?

Se existe um medicamento para que a saúde emocional do seu filho melhore você não vai procurar saber que medicamento é esse?

Tudo isso vai ter um impacto muito grande lá na frente, em como esse humano vai se relacionar com os seus amigos de escola, trabalho e futura família.

Lembre-se: estamos trabalhando em um projeto de longo prazo e precisamos criar metas para cada fase, para que no final tenhamos o resultado desejado.

Pense aqui comigo: se você não deixa sua criança fazer nada, quando ela chegar na adolescência será muito difícil que colabore, pois não aprendeu isso ao longo da primeira infância.

Se você grita muito com a sua criança é isso que ela vai aprender e, pode escrever: ela vai devolver esses gritos na adolescência.

Se você não tira o olho do celular enquanto está brincando com ela, não espere conversas olhando nos olhos do seu filho adolescente.

A criança modela comportamentos, é tudo uma questão de plantio e colheita; quanto mais tempo de qualidade dedicado ao seu filho pequeno, melhor será seu relacionamento com o adolescente que irá desabrochar dessa criança e melhor será essa relação. Confiança demanda tempo.

"Ah, eu fiz tudo errado!"

Não se desespere, eu sou prova disso: você só vai ter mais trabalho para arrumar o que não fez quando deveria ter feito. Sabe aquele quarto de bagunça que você não quer mexer porque vai dar trabalho? Então, quando decide ir até lá demora muito mais tempo para arrumar do que se tivesse feito um pouco todo dia. Muitas vezes dá até desânimo de começar, é mais ou menos isso; se você fizer um pouco todo dia, na adolescência o trabalho será menor, porém, se não conseguiu reservar um tempo todos os dias para esse " trabalho" na adolescência, ele será muito maior e muitas vezes você vai querer desistir.

Como tudo na vida, o que é muito bom dá trabalho e demanda tempo; então, aqui posso ajudar você com algumas dicas práticas para que a sua parentalidade caminhe de forma leve e possa trazer resultados muito positivos:

- Reserve um tempo de qualidade com seus filhos (se você tiver mais de um, separe um tempo com cada um deles).
- Traga-os para perto, pode ser em uma atividade juntos, pedindo auxílio em uma tarefa que vai beneficiar a todos (p. ex., colocar a mesa do jantar, buscar algo em outro cômodo).
- Sempre diga o quão importante ele é para você e para o conjunto da sua família.
- Elogie sempre o esforço que ele fez para conquistar algo.
- Menos gritos e mais conversas explicando por que alguns comportamentos não são legais.
- Fale com todas as letras o que você espera dele.
- Aprenda a ouvir as suas demandas sem julgamentos.
- Separe um tempo para si, pois assim poderá também exercer o autoamor, e estando abastecido conseguirá abastecer seu filho com esse amor.

Ah, outra coisa muito importante e que não mencionei é que todo humano tem necessidade de importância e pertencimento.

Por isso pedi que você fale para o seu filho sobre o quão importante ele é para você e para sua família.

Quando se sentir pertencente a uma tribo (família), ele não vai querer decepcionar essa tribo. Todos da família são importantes nesse processo: ensine aos seus filhos a elogiarem as atitudes positivas dos membros da família e a comunicarem de maneira respeitosa quando o comportamento do outro não for tão gentil assim. Com isso, vamos cultivando um ambiente de respeito e evolução constante, pois, quando sinto que o meu espaço é respeitado, a tendência é respeitar o espaço do outro também. E assim vamos criando um ambiente agradável e respeitoso para toda a família.

E, por último, o famoso: apanhei e não morri

OK, porém, os tempos mudaram e nenhuma forma de violência é justificável, hoje em dia esse tipo de atitude não é mais tolerado nem contra animais, quem dirá contra uma criança. Então, por favor, evolua e aprenda a comunicar as suas necessidades de modo respeitoso.

Estude o autoconhecimento para entender quais são os seus pontos de vulnerabilidade e explosão, pois os seus filhos sabem apertar todos esses pontos. Saiba que a cada explosão de raiva e gritos seus, a ponte que você poderia estar construindo para que no futuro vocês consigam se comunicar adequadamente está indo abaixo.

Quando começo a entrar no autoconhecimento percebo que as emoções têm um fator muito importante e que nós, adultos, não fomos alfabetizados nessa linguagem, conhecemos muito pouco dela, somos analfabetos funcionais nessa linguagem. Em outras palavras: consigo assinar o nome, porém não consigo ler o que escrevo.

Sabemos que somos raivosos ou calmos demais; entretanto, como não sei ler o porquê desse comportamento, só sei que sou assim e ponto (síndrome de Gabriela – *eu nasci assim, eu cresci assim e sou sempre assim...*).

Precisamos aprender a olhar as emoções que nos invadem e assim nomear os sentimentos que derivam delas.

Emoção é tudo o que gera uma reação no nosso corpo e o sentimento é o que sentimos sobre aquela emoção.

Então, se a criação do seu filho se dá em um ambiente de medo, essa emoção pode gerar suores, tremores, voz trêmula etc., o que pode gerar um sentimento: estou sempre errado, inadequado.

Entenda que as emoções (reações químicas do corpo) não conseguimos controlar, assim como o sono, a fome, a sede; porém, os nossos sentimentos em relação à emoção; este sim, podemos aprender a controlar, e o primeiro passo para isso é conhecer o sentimento e aprender a nomeá-lo.

Aí está a função do adulto que vai ensinar a criança a nomear e ensinar a se regular, e como fazemos isso?

O ser humano aprende por imitação, então a melhor maneira de ensinar sobre sentimentos é se autorregulando.

Se estou gritando com meus filhos porque estou fisicamente cansada, esgotada, com fome e ainda tenho que cuidá-los, e gostaria muito de descansar, porém não é possível no momento, eu tenho de conseguir controlar esse sentimento de frustração e me autorregular, o que é muito desafiador neste contexto em que estou mostrando. No entanto, é somente dessa forma que vou conseguir ensinar para o meu filho que é possível estar com todas essas emoções, e mesmo assim não deixar que essas emoções tomem conta dos sentimentos, compreende?

Existem emoções básicas que geram uma sensação agradável, como alegria e amor. Existem também as emoções básicas que geram uma sensação desagradável, como o medo, a raiva e a tristeza.

E nós vamos ensinar as crianças a entenderem essas emoções, e o principal a ser ensinado é que a criança tem essa sensação no corpo e tem o sentimento que vem da emoção; contudo, ela não é esse sentimento, ela somente está com esse sentimento. Por exemplo: ela não é covarde porque teve medo, precisa entender o porquê teve esse medo e trabalhar para que possa entender tal emoção e, assim, ter outro tipo de sentimento quando ela tiver de enfrentar situação parecida. Isso se dá ao longo principalmente da primeira infância e adolescência, pois quando chegamos na vida adulta já se espera que essas emoções estejam controladas.

Deparo-me em muitas situações vendo adultos tendo ataques de birras quando são contrariados. Por exemplo: você tem hora para sair e seu filho não está pronto, e do nada você começa a gritar com a criança para que ela ande mais rápido senão vai se atrasar para o compromisso, quando o correto seria você acordar mais cedo, ou ajudar a criança para que as atividades consigam ser feitas dentro dos prazos estipulados, de modo que não haja atrasos. A sua birra não vai resolver nem ajudar na situação.

São tantos exemplos do cotidiano que podemos dar, mas só para que vocês entendam como precisamos de autoconhecimento, gerenciamento de emoções e principalmente da autorresponsabilidade, para que possamos conduzir a nossa parentalidade de maneira mais saudável, e assim construir uma sociedade que tenha mais respeito e empatia pelo próximo.

E quando consigo entender que a parentalidade é o modo como eu vou transmitir para o meu filho os valores, as crenças e todo o funcionamento do que entendo de mundo, eu posso fazer tudo isso de maneira mais suave, sem autoritarismo ou mesmo abandono (quando desisto de ensinar) e vou conduzindo os filhos lado a lado em um trabalho de equipe em que todos vão colaborando com as suas habilidades.

Referências

NELSEN, J. *Disciplina positiva*: o guia clássico para pais e professores que desejam ajudar as crianças a desenvolverem autodisciplina, responsabilidade, cooperação e habilidades para resolver problemas. Trad. Bernadette Pereira Rodrigues e Samantha Schreier Susyn. Barueri: Manole, 2015.

ÖVÉN, M. *Educar com mindfulness*: guia de parentalidade consciente para pais e educadores. Porto: Porto, 2015.

SIEGEL, D. J.; HARTZELL, M. *Parentalidade consciente*: como o autoconhecimento nos ajuda a criar nossos filhos. São Paulo: nVersos, 2020.

14

ENTRE PAIS E PROFESSORES

REFLEXÕES E CONEXÕES PELA EDUCAÇÃO

Neste capítulo, convido todos os pais, mães e responsáveis a embarcar em uma jornada de reflexões sobre como podemos fortalecer a conexão entre a família e a escola na educação de crianças e adolescentes, com base em objetivos educacionais.

ANA CRISTINA CAMARGO DE SÃO PEDRO

Ana Cristina Camargo de São Pedro

Educadora por mais de 30 anos no ensino básico brasileiro, atuando como professora de Biologia e coordenadora de projetos. Possui graduação em Ciências Biológicas e mestrado em Ciência Ambiental pela Universidade de São Paulo. Larga experiência em gestão de projetos educacionais no ensino básico de escolas de São Paulo e Campinas, e na UNICAMP, onde coordenou, por três anos, o Projeto Novos Talentos, estimulando alunos do ensino público a seguirem uma carreira científica. Especialização em Educação Moderna pela Pontifícia Universidade Católica do Rio Grande do Sul (conclusão em 2024). É autora de obra selecionada pelo PNLD e de textos para o e-docente - Editora SABER. É idealizadora e coordenadora do Profissão Educador, uma proposta de colaboração na formação continuada integral de educadores com base em neurociência, comunicação e gestão emocional.

Contatos
educadorprofissao.com.br
profissaoeducador2021@gmail.com
Instagram: @prof_educador
LinkedIn: Ana Cristina Camargo de São Pedro

Refletindo sobre uma história recorrente na educação

Miguel foi um aluno muito curioso e questionador no início de sua vida estudantil. Mostrava entusiasmo nas aulas e tinha um ótimo rendimento. No entanto, a falta de apoio familiar devido à intensa rotina de seus pais, e os crescentes desafios acadêmicos ao longo dos anos esfriaram seu ímpeto inicial, desencadeando desinteresse e questões disciplinares. A escola passou a cobrar da família atitudes quanto ao comportamento inadequado de Miguel e marcou reuniões para apresentar a situação acadêmica dele. Sem saber o que fazer em casa com Miguel para ajudar em seus estudos, a família passou a cobrar da escola por resultados melhores, questionando inclusive os critérios de avaliação utilizados por alguns professores. Miguel foi reprovado.

A história de Miguel reflete, infelizmente, a experiência de muitos estudantes de nosso país. Pesquisas realizadas pelo Instituto Nacional de Estudos e Pesquisas Educacionais Anísio Teixeira (Inep), em colaboração com entidades estaduais e municipais, revelam, ano após ano, índices preocupantes de reprovação e desistência escolar.

Porém, é importante lembrar que esta realidade é influenciada por diversos fatores que precisam ser considerados em uma análise mais aprofundada. Entre eles estão o contexto socioeconômico, a qualidade do ensino, as condições da escola, a saúde mental e o bem-estar emocional do aluno, as iniciativas de inclusão, políticas educacionais adequadas e o apoio de pais e comunidades. Sem deixar de considerar a relevância dos demais fatores, vou focar nossa atenção sobre a importância de se construir uma conexão entre famílias e escola no processo de ensino-aprendizagem dos estudantes.

A parceria família-escola: quem faz o quê?

Vamos mergulhar na história de Miguel, que nos conduz ao coração deste capítulo: a importância vital de uma colaboração genuína entre família e escola. É uma parceria baseada em objetivos comuns, em que não há espaço para imposições ou cobranças injustas, nem para a inversão de papéis ou a quebra de comunicação. Cada lado tem sua autonomia e autoridade, que devem ser não apenas reconhecidas, mas também valorizadas.

Imagine como a trajetória escolar de Miguel poderia ter tomado um rumo diferente se essa aliança fosse nutrida com atenção e carinho. Do lado da família, emerge uma série de responsabilidades cruciais no processo educativo: manter uma comunicação aberta e respeitosa com a escola, criar um ambiente de estudo acolhedor em casa, participar ativamente em reuniões e eventos escolares e acompanhar de perto o desenvolvimento escolar dos filhos. A família também possui o papel de compartilhar informações úteis sobre os estudantes que podem ajudar a escola a aprimorar suas estratégias de ensino e comunicação, além de incutir valores fundamentais como respeito e cooperação, e estabelecer limites claros para o comportamento.

Por sua vez, a escola tem responsabilidades igualmente importantes: desde a organização dos planos de estudo anuais, contratação de professores qualificados, escolha por metodologias de ensino e tecnologias e manutenção de ambientes de aprendizagem estimulantes, até a garantia da segurança dos estudantes e a comunicação transparente com as famílias sobre o progresso e bem-estar dos alunos.

Ambos, escola e família, desempenham papéis complementares que, quando harmonizados, podem enriquecer significativamente a experiência educacional de Miguel e de todos os estudantes, preparando-os não apenas academicamente, mas também como cidadãos conscientes e respeitosos.

Após esboçar de modo bem resumido o contorno das responsabilidades de cada um nesse diálogo entre família e escola, gostaria de convidá-lo(a) a uma reflexão mais profunda sobre como, especificamente, as famílias podem colaborar com os educadores no processo educativo dos estudantes.

A ideia é direcionar a atenção dos familiares para os objetivos educacionais essenciais no processo de ensino-aprendizagem, incentivando assim a construção e o fortalecimento de uma parceria eficaz entre famílias e escolas. No entanto, não se trata de sugerir que os pais assumam o papel de professores, sentando-se ao lado dos filhos para fazer lições de casa ou estudar para provas durante todo o percurso escolar. Longe disso, pois tal abordagem, além de impraticável, não se mostra benéfica no longo prazo.

Em vez disso, a proposta é encorajar os pais a se engajarem de maneira proativa e consciente, compreendendo e valorizando os objetivos educacionais, e buscando meios de apoiar o desenvolvimento e aprendizado dos filhos em sintonia com a escola. Essa colaboração visa enriquecer a jornada educacional dos estudantes, sem sobrepor os papéis, mas sim complementando-os em harmonia.

Objetivos educacionais para o século XXI

Especialistas de entidades como Unesco, OCDE, MEC e documentos oficiais que orientam a educação no país, como a Base Nacional Comum Curricular (BNCC), destacam para o século XXI:

> "[...] a necessidade de uma educação que desenvolva não apenas habilidades acadêmicas, mas também emocionais, sociais e físicas, focando em sustentabilidade, inovação, cidadania global e adaptabilidade".

Em 2015, a Unesco publicou algumas **diretrizes educacionais** que colaboram diretamente com os objetivos apresentados. Utilizei essas diretrizes adaptando-as para o uso familiar, a fim de realizar uma pesquisa rápida sobre a importância que educadores experientes dão para a parceria famílias-escolas no trabalho educativo com os estudantes. Participaram do estudo 20 educadores brasileiros, todos com vasta experiência, tendo em média mais de 25 anos de atuação na área. Confira os resultados alcançados e as reflexões provocadas.

A pesquisa de opinião com educadores

Ao responder um formulário on-line de levantamento de opinião, os educadores participantes avaliaram a relevância da colaboração entre escolas e famílias na implementação de cada diretriz da Unesco na educação dos estudantes, dando notas de 1 a 10 para expressar sua importância. Nessa escala, 1 significa "não é importante que família e escola trabalhem juntas essa diretriz" e 10 indica que "é muito importante que família e escola trabalhem juntas essa diretriz".

Todas as diretrizes receberam nota 10 de importância pela maioria dos educadores respondentes (acima de 80% dos entrevistados).

- **Diretriz 1**: fomentar continuamente a aprendizagem ativa e crítica dos filhos.
- **Diretriz 2**: fazer uma integração equilibrada da tecnologia na vida diária dos filhos.
- **Diretriz 3**: personalizar o apoio ao aprendizado conforme as necessidades individuais.
- **Diretriz 4**: promover valores de equidade e inclusão.
- **Diretriz 5**: ensinar os filhos a pensar criticamente sobre o uso de recursos e a tomar decisões responsáveis.
- **Diretriz 6**: promover uma educação que prepare os estudantes para mudanças constantes.
- **Diretriz 7**: trabalhar colaboração e empatia em atividades cotidianas.
- **Diretriz 8**: utilizar comunicação não violenta e escuta ativa na resolução de conflitos.

Reflexões geradas pela pesquisa

Ao abordarmos as **diretrizes 1 e 5**, é valioso cultivarmos uma compreensão ampliada da palavra "crítica". No contexto desse capítulo, uma educação que fomente o **pensamento crítico** é aquela que **inspira curiosidade e incentiva questionamentos saudáveis** frente às informações que recebemos. É fundamental nutrir uma atmosfera de aprendizagem que **valorize a mente aberta, a comunicação não violenta e a tolerância**, evitando a formação de mentalidades rígidas e radicais.

Quanto à **diretriz 2**, é importante ter equilíbrio no uso de tecnologias em cada fase de vida, tanto nos estudos como no lazer. Embora as ferramentas digitais sejam recursos motivadores e divertidos, seu uso excessivo pode impactar negativamente outras áreas de desenvolvimento, destacadas nas **diretrizes 4, 7 e 8**. Como a jornalista britânica Amanda Ripley observa em seu livro *As crianças mais inteligentes do mundo* (2014), é essencial reconhecer a relevância das interações humanas na construção do caráter e no aprendizado. Ainda sobre **tecnologias na educação**, é importante dar uma atenção especial e cuidadosa às ferramentas conhecidas como **Inteligências Artificiais**, ou IA, que estão cada vez mais presentes em nosso dia a dia. Durante o encontro de especialistas na **Reunião Anual do Fórum Econômico Mundial de 2024**, algumas dicas importantes foram compartilhadas, destacando aqui: (1) o ensino de crianças e estudantes no uso de novas tecnologias de maneira segura e responsável, tanto em casa quanto na escola, para reduzir riscos; (2) o uso da inteligência artificial intencionalmente para melhorar o ensino, assegurando acesso equitativo e inclusivo a oportunidades educacionais proporcionadas por essas tecnologias.

A **diretriz 3** enfatiza a importância da colaboração entre famílias e escolas para adaptar o apoio ao aprendizado às necessidades individuais dos alunos. A observação dos educadores em salas de aulas e os relatos familiares sobre as técnicas mais eficazes para o estudo em casa são absolutamente essenciais.

A **diretriz 6** destaca a importância de desenvolver nos estudantes a capacidade de se adaptarem frente a mudanças de cenários, sendo crucial tanto na vida pessoal quanto na profissional.

Como trabalhar cada uma dessas diretrizes em nossas casas, com nossos filhos?

Para cada uma das diretrizes apresentadas, seguem sugestões práticas que podem ser aplicadas no ambiente familiar, com crianças em diferentes idades, sem muitos recursos, para apoiar o desenvolvimento educacional:

1. **Fomentar continuamente a aprendizagem ativa e crítica dos filhos**: incentive debates em família sobre temas variados, permitindo que as crianças expressem suas opiniões e questionem informações, valorizando o pensamento crítico, a escuta e o respeito mútuo.
2. **Fazer uma integração equilibrada da tecnologia na vida diária dos filhos**: estabeleça horários específicos para o uso

de dispositivos (estabelecimento de limites), promovendo atividades que estimulem a criatividade e interação social, como jogos de tabuleiro, assistir filmes, passear com pets ou fazer uma leitura conjunta de livros.

3. **Personalizar o apoio ao aprendizado conforme as necessidades individuais**: observe e identifique os interesses e dificuldades específicas de cada criança nas atividades diárias. Compartilhar essas informações com os professores de seus filhos pode ajudar muito!
4. **Promover valores de equidade e inclusão**: sempre que for possível, participe junto com seus filhos de atividades comunitárias ou projetos sociais que celebrem a diversidade e a inclusão, ensinando através do exemplo a importância da empatia e do respeito pelas diferenças.
5. **Ensinar os filhos a pensar criticamente sobre o uso de recursos e a tomar decisões responsáveis**: proponha atividades familiares que envolvam manejo de recursos, como um jardim caseiro ou a separação do lixo para reutilização e reciclagem, discutindo a importância de cada escolha para o meio ambiente e a sociedade.
6. **Promover uma educação que prepare os estudantes para mudanças constantes**: estimule a resiliência e adaptabilidade por meio do apoio ao enfrentamento de situações inesperadas. Incentivando as crianças a se adaptarem a novas situações e encarar suas frustrações de maneira positiva e criativa.
7. **Trabalhar colaboração e empatia em atividades cotidianas**: promova atividades em família que estimulem o trabalho em equipe, como montar um quebra-cabeça complexo ou planejar uma viagem, reforçando a importância da escuta, do apoio mútuo e do entendimento das perspectivas dos outros.
8. **Utilizar comunicação não violenta e escuta ativa na resolução de conflitos**: pratique a escuta ativa em conversas diárias, validando as emoções e pontos de vista das crianças, e ensine-as a expressar suas necessidades e sentimentos de maneira respeitosa.

Considerações finais

Ao refletir sobre o conteúdo trabalhado neste capítulo, decidi não explorar o ensino de religiões e crenças específicas. Essa escolha reflete meu apreço pela diversidade de pensamentos e a convicção de que a educação religiosa, dada a sua profundidade pessoal e diversidade, é uma jornada que as famílias podem querer explorar de acordo com suas próprias crenças e valores, garantindo assim uma abordagem mais personalizada e respeitosa.

Referências

BRASIL. Ministério da Educação. *Base Nacional Comum Curricular*. Brasília, 2018.

BRASIL. Ministério da Educação. *Censo escolar da educação básica 2023*: resumo técnico. Brasília, 2024.

CASTRO, J. M.; REGATTIERI, M. (orgs). *Interação escola-família*: subsídios para práticas escolares. Brasília: UNESCO, MEC, 2009.

PARENTAL support to learning. *IIEP Learning Portal.* 22 set. 2021. Disponível em: https://learningportal.iiep.unesco.org/en/issue-briefs/improve-learning/parental-support-to-learning. Acesso em: mar. 2024.

UNESCO. *Educação para a cidadania global*: tópicos e objetivos de aprendizagem. Brasília: Unesco, 2016. Disponível em: https://unesdoc.unesco.org/ark:/48223/pf0000244826. Acesso em: mar. 2024.

UNESCO. *Educação para a cidadania global*: preparando alunos para os desafios do século XXI. Brasília: Unesco, 2015. Disponível em: https://unesdoc.unesco.org/ark:/48223/

pf0000234311?posInSet=1&queryId=837739a7-96cd-4ab-2-be1e-7fc96191cb55. Acesso em: mar. 2024.

WORLD ECONOMIC FORUM. *AI guidance in schools*: Promoting responsible use in education. 2024. Disponível em: https://www.weforum.org/agenda/2024/01/ai-guidance-school-responsible-use-in-education/. Acesso em: 20 ago. 2024.

WORLD ECONOMIC FORUM. *Turbocharging learning while mitigating risks*. 2024. Disponível em: https://www.weforum.org/events/world-economic-forum-annual-meeting-2024/sessions/turbocharging-learning-while-mitigating-risks/. Acesso em: 20 ago. 2024.

15

PREPARE A TERRA PARA QUE SUA COLHEITA SEJA PRODUTIVA

Para criar e educar, é fundamental ter uma postura de aprendiz. Olhar para a própria infância, analisar como foi educado, quais crenças adquiriu e questionar a maneira como lida com as próprias necessidades hoje, na vida adulta, gera a habilidade de ensinar de maneira diferente para as crianças, contribuindo com o melhor desenvolvimento e evolução da família como um todo. Este capítulo busca trazer reflexão e ferramentas para que seu lar seja um ambiente de paz, amor, acolhimento, respeito e segurança.

BRUNA BRANDI

Bruna Brandi

Pedagoga e nutricionista de formação, apaixonada por crianças e pelo universo infantil. Educadora parental na abordagem parentalidade consciente, com certificação pela Positive Discipline Association e diversas formações em educação parental e desenvolvimento infantil. Atua na orientação de famílias e educadores como facilitadora no processo de educação parental e ministra palestras, *workshops* e treinamentos sobre o tema. Acredita que, por meio da criança, é possível se conectar com a própria essência e, assim, aprender e ensinar na busca por uma evolução em família.

Contatos
brunabrandi.com
contato@brunabrandi.com
Instagram: @brunabrandi_
11 98346 4206

Acredito que se você está lendo este livro, é porque sua família é algo muito importante. Assim como tudo que é importante, emprega-se tempo, dedicação e atenção. Fico muito feliz ao ver que existem pessoas dedicadas a cuidar melhor de suas famílias. A família é a sua maior oportunidade de evoluir, melhorar e crescer na vida; por meio dela aprendemos e ensinamos muito, ela nos acompanha para que a jornada seja mais leve e gostosa.

Em uma das definições de família no dicionário, encontrei a que trata-se de um grupo de pessoas vivendo sob o mesmo teto. É o ambiente onde essas pessoas convivem.

Fazendo uma analogia da formação da família com uma árvore, eu diria que o teto é como a terra e nós a semente. Dependendo da terra em que se planta uma semente, ela não consegue se desenvolver e se transformar em uma árvore. Antes de plantar a semente, essa terra precisa receber cuidados, passar por um processo: ser arada, afofada, adubada e então se faz pronta para receber a semente e ser para ela o que realmente precisa.

Na realidade, nem sempre as famílias são preparadas antes de receber suas sementes, embora o objetivo seja sempre produzir bons frutos, tendo como alvo uma bela produção. Assim, é feito tudo o que está ao alcance dos pais na jornada da criação dos filhos. Com o passar do tempo, é possível perceber que de fato aquela terra ainda precisa de cuidados específicos para que o objetivo seja alcançado.

Para que essa semente se desenvolva de maneira adequada, a principal mudança sempre será na terra. A partir dessa reflexão, vamos começar a olhar para o ambiente onde sua família está hoje. Convido você a fazer um breve exercício respondendo a algumas perguntas. Quando tudo vai mal em um determinado dia, sua casa é o primeiro lugar que vem à sua mente para se refugiar? Se recebe alguma notícia ruim, sua família é a primeira a saber? Quando você tem um tempo livre, o primeiro pensamento que vem à sua cabeça é querer ir para casa?

O mundo em que vivemos é cheio de desafios e dificuldades, temos atividades diárias, atribuições e responsabilidades, tudo isso é realizado fora de casa; assim, é muito importante ter um local aconchegante e acolhedor para retornar ao final do dia. Quando cuidamos e preparamos a terra para nosso plantio e semeadura, ela passa a ter um nome diferente: nosso LAR! Esse não é mais apenas um teto onde vivem pessoas, o lar é o que abriga a família. Seu lar é onde você sente segurança, onde pode ser autêntico e realmente se sentir pertencente e importante.

Quando uma criança chega a um lar, esse é seu primeiro universo. Nele todas as suas referências são criadas, é onde ela aprende as primeiras noções do que existe no mundo. É no lar que a criança aprende quem ela é, dá seus primeiros passos, fala suas primeiras palavras, faz seus primeiros movimentos e tudo isso acontece muito por imitação aos seus pais, que são seus primeiros e maiores exemplos na vida. É no lar que ela recebe a base de tudo o que precisa para que um dia viva em sociedade, enfrentando e vencendo os desafios que o mundo oferece.

Uma das maiores habilidades com as quais nascemos é a de aprender. Aprendemos desde o nosso nascimento até o último dia de vida. Nosso lar nos proporciona entender que teremos sempre um lugar seguro em qualquer momento da vida, independentemente do que aconteça.

Para que tudo isso seja possível, é necessário sempre cuidar desse lar e entender a importância que ele tem, não só para os pequenos, mas para todos que nele habitam.

É superimportante lembrar que antes de o nosso lar familiar existir, existe em cada um de nós o nosso próprio lar. Ele deve ser o primeiro a ser cuidado, porque só somos capazes de oferecer algo a alguém se tivermos para nós primeiro.

Como adultos temos a responsabilidade de cuidar do nosso ser de modo integral: mente, físico e espírito. Eu diria que é praticamente impossível cuidar bem de uma família sem antes aprender a cuidar de si mesmo. Enxergar suas necessidades, medos, anseios, desejos, e não só enxergar, mas também suprir todas essas demandas. Para isso ser possível, mais uma vez o cuidado com a terra é fundamental. Muitas vezes, é necessário pedir ajuda para que esse cuidado aconteça e não resista a isso. Pedir ajuda não significa ser incapaz, muito pelo contrário – a humildade o(a) faz ser ainda melhor. Inclusive, este livro foi criado exatamente com essa intenção: trazer recursos e ferramentas para que a cada dia você esteja mais próximo de alcançar seu objetivo e ver sua família harmoniosa e feliz.

Como seres humanos, somos imperfeitos e falhos; sem dúvida, em alguns momentos vamos errar, mesmo querendo acertar, e isso faz parte do processo, uma vez que podemos enxergar os erros como oportunidades de aprendizagem.

É muito comum ouvirmos histórias em que os lares foram disfuncionais, agressivos, tóxicos, desprotegidos e muitas vezes até hostis. Se esse foi o seu caso, eu sinto muito, saiba que não foi culpa sua nada do que aconteceu. Nem todas as famílias vão em busca de adquirir recursos para melhorar sua realidade. Você está aqui neste momento, o que mostra que deseja fazer um pouco diferente. É isso o que importa! Seu desejo de mudar a própria realidade é o que lhe dará capacidade de mudar as circunstâncias do ambiente em que vive hoje, proporcionando um novo cenário a você mesmo e a quem você ama.

Essa é a graça da vida, a chance de fazer um pouquinho diferente do que foi feito um dia, aprimorando os passos, geração por geração, em busca da evolução.

Neste momento acredito que passe pela sua cabeça: "Quais são os cuidados necessários com nossa terra, para que ela se torne fértil? Como cuidar melhor de nosso teto para ele ser considerado um lar?". Vou ajudá-lo(a) a entender começando por você. Por um momento, volte-se para si, sem as demandas do(a) seu(sua) parceiro(a) e de seus filhos, olhe apenas para você!

Convido você para mais uma reflexão com algumas perguntas. Sua companhia o(a) agrada? Gosta de passar um tempo sozinho(a)? Você confia em si mesmo(a)? Tudo o que promete a si mesmo você cumpre? Quando seu corpo precisa de cuidados, você o respeita e oferece a ele coisas básicas: sede, sono, fome? Saberia dizer o que mais gosta em si mesmo? Quando realiza algo em seu trabalho, sente orgulho do que fez? Quando faz algo não muito legal, acolhe a si mesmo(a) ou se critica demais? Quando comete um erro, como costuma lidar com isso? Você sabe identificar o que sente (quando está triste, feliz, com raiva, com medo)? Quando está agitado, como se acalma?

Está tudo bem se por acaso não conseguir responder a alguma dessas perguntas. Guarde-as em suas anotações e procure respondê-las aos poucos ao longo do processo.

O convite que essas perguntas trazem é: como você cuida de si mesmo(a)? Entendendo melhor como lidamos com nós mesmos, é possível ensinar ao outro a fazer isso também. Somos seres complexos e em constante mudança, isso nos traz a necessidade de viver sempre prestando atenção em quem estamos nos tornando, lembrando que somos exemplos para a próxima geração. É importante gostar do ser humano que estamos nos tornando, para servir de exemplo aos que estão nos observando o tempo todo.

Educar é um ato de amor, e também um desafio muito grande! É fundamental estar preenchido da maneira adequada para transbordar aquilo que se deseja aos filhos. O erro é um tripulante sempre presente nessa jornada, mas, apesar de nunca ser visto com bons olhos, é a nossa maior oportunidade de melhorar a cada dia. Errar é inevitável, o que vai fazer toda a diferença é o que vamos fazer com os erros que cometemos.

Os pais se esforçam muito para criar seus filhos – formá-los, educá-los, passar seus princípios, valores e todo amor. Não se deve atribuir a eles a responsabilidade de sua felicidade e realização. Tenha a consciência de que, sejam quais forem as circunstâncias, eles deram o que tinham de melhor para que hoje você pudesse estar aqui, escrevendo seu capítulo da vida de maneira única e individual, quebrando talvez alguns paradigmas, que, infelizmente, mesmo com boas intenções, causaram sofrimento, como gritos, tapas, ameaças e até mesmo castigos. Independentemente de como aconteceu sua história, seja grato ao que de mais precioso seus pais lhe deram: a vida!

Educar a si mesmo e a um novo ser é algo desafiador, mas completamente possível. É necessário um olhar detalhado, voltado às reais necessidades do ser – esse trabalho acontece com muita paciência, empatia, entrega e, acima de tudo, amor! Não exija de si mesmo a perfeição, a evolução da espécie leva em conta as falhas durante a trajetória da vida.

O lugar mais confortável para estar no processo de educação é o de observador e aprendiz, percebendo cada situação como uma oportunidade de fazer cada dia um pouco melhor. A culpa, a cobrança e a rigidez não são boas escolhas nesse momento, visto que cada processo é único e acontece de modo diferente. Não existe um passo a passo capaz de trazer um resultado igual para todos; por isso, permitir-se errar, pedir ajuda e recomeçar, é sempre a melhor escolha. O mais importante é estar sempre disposto a dar um passo de cada vez, assumindo que nem sempre o resultado vem de uma só vez, mas que cada passo dado com boa intenção e entrega é sempre uma grande vitória.

Nesse processo como um todo, é muito comum que exista uma exigência para enxergar rápido o objetivo alcançado. É natural do ser humano a pressa e o anseio por chegar ao fim de algo. Nessa hora, educar uma criança lhe dá um dos maiores presentes da vida: entender que o que traz mais resultado é manter-se no caminho, vendo e vivendo o milagre da vida um dia de cada vez, fase por fase, aproveitando os momentos, mesmo que estes sejam desafiadores, porque com certeza são únicos e deixarão saudade! Ter uma criança em sua vida é um grande privilégio, além de um convite para conhecer o real significado da palavra essência! A criança traz consigo a energia do novo, a esperança de um novo ciclo, de novas experiências e, acima de tudo, a alegria de viver!

Ao ter esse privilégio, sua maior responsabilidade, além de oferecer cuidado, amor, respeito, empatia, apoio e segurança, é aprender também com ela. Quando o ser humano se torna adulto, muitas vezes perde-se de sua essência, pureza e do real sentido de sua existência.

Enxergue nas crianças algo valioso, entre no universo delas, se conecte e crie momentos, você perceberá que cada dia mais essa troca vai tornar possível que em seu lar viva a paz, o amor e a alegria, trazendo para ele o real conceito de família!

A família é uma unidade que deve ser governada pelo amor, respeito e empatia.

Os pais são os líderes dessa unidade, e um bom líder é aquele que assume a responsabilidade de encontrar potencial máximo naqueles que lidera! Quando os pais exercem sua liderança de modo integral, ganham dos filhos a honra e o respeito, o que é bem diferente da tão falada obediência! Para que o olhar de admiração das crianças se volte aos pais, elas precisam enxergar neles o que eles esperam que os filhos façam, é assim que se constrói o respeito, respeitando! É assim que se educa, colocando-se também como aprendiz! É assim que se ama, amando a si mesmo e permitindo ser amado!

A infância é o período mais importante da vida, pois é nela que semeamos as competências e habilidades que queremos que as crianças desenvolvam para se tornarem adultos resilientes, corajosos, confiantes, responsáveis e capazes de contribuir com a construção de um mundo melhor.

Quando os pais resolvem questões que marcaram a própria infância, é possível oferecer aos filhos melhores oportunidades de desenvolvimento e maior conexão com eles, o que os leva a florescer.

Toda árvore um dia foi semente, toda semente tem a necessidade de ser regada em uma terra fértil!

Espero do fundo do meu coração que, ao final deste capítulo, você se sinta encorajado a cuidar melhor da sua terra, regar suas sementes e se sinta preparado para ver seus lindos frutos nascendo, sempre respeitando o tempo que precisam para serem colhidos.

Com amor, Bruna.

16

O CAMINHO DA FAIXA PRETA E A EDUCAÇÃO PARA AS RECOMPENSAS DE LONGO PRAZO

O capítulo apresenta a prática da arte marcial na infância como um meio de educarmos e treinarmos nossos filhos para que aprendam a estudar, trabalhar e cultivar com dedicação e constância durante períodos mais longos, com o intuito de atingir recompensas de longo prazo, uma habilidade natural da espécie humana que vem sendo enfraquecida pelas grandes facilidades da vida contemporânea.

PAULO CEZAR FERREIRA DE SOUZA JÚNIOR

Paulo Cezar Ferreira de Souza Júnior

Aprendiz da vida e educador. Oficial superior do exército formado pela Academia Militar das Agulhas Negras. Também é bacharel em Educação Física e especialista em neurociência, educação e desenvolvimento infantil. Pós-graduado em Neuropsicanálise Clínica. Serviu como *peacekeeper* da Organização das Nações Unidas (ONU) em missão de paz no Haiti. É paraquedista militar e multiesportista. Atualmente, serve como educador no Colégio Militar de Brasília (CMB), em prol de 3.200 crianças e adolescentes. É pai de menino e está com seu filho no caminho da faixa preta.

Contatos
paulochocoton@hotmail.com
Instagram: @paulo.cezar_ferreira
61 99430 4999

Se você está lendo este livro, posso deduzir que é um pai ou uma mãe interessada no desenvolvimento humano, alguém que busca conhecer alternativas práticas para evoluir rumo a uma melhor versão de si mesmo e apoiar o crescimento integral de seus filhos. Sendo assim, também me arrisco a concluir que nos últimos dois ou três anos você já se deparou com o termo dopamina em livros ou artigos de divulgação científica, *podcasts,* no YouTube ou *posts* no Instagram. Sim, estou falando daquele neurotransmissor que ficou famoso nos últimos tempos por desempenhar um papel fundamental no comportamento humano, uma vez que atua diretamente no sistema de recompensa do nosso cérebro, despertando o desejo que impulsiona as mais diversas ações.

Trata-se de uma realidade que vem chamando a atenção da comunidade científica, já que a dopamina está intimamente conectada a um dos maiores problemas que afligem a infância e a adolescência nos dias de hoje: o vício em tecnologias digitais e nas recompensas instantâneas, que demandam quase nenhum esforço. Mas nós, pais, mães e educadores, responsáveis e dispostos a combater o "bom combate", não nos daremos por vencidos. Apoiaremos uns aos outros e construiremos um caminho.

É nessa senda que venho enaltecer a importância da prática da arte marcial na infância e na adolescência, propondo uma visão sobre os benefícios que esse hábito pode proporcionar aos nossos filhos e alunos.

Meu objetivo aqui é chamar a sua atenção para a necessidade urgente de educarmos e treinarmos nossos filhos para que aprendam a estudar, trabalhar e cultivar com dedicação e constância durante períodos mais longos, visando atingir recompensas de longo prazo, uma habilidade natural da espécie humana, que vem sendo enfraquecida pelas grandes facilidades da vida contemporânea, imersa em uma cultura de hiperestímulos, gratificação instantânea, baixa tolerância à frustração e paciência reduzida. Por isso, convido o leitor para focalizar sua atenção em um aspecto específico e mais abrangente das artes marciais.

Podemos citar o Karate (ou Karate-do), o Judô, o Jiu-jitsu e o Taekwondo, como algumas das artes marciais mais conhecidas e praticadas no Brasil e no mundo. Mais do que práticas esportivas ou ferramentas de defesa pessoal, essas artes representam um caminho, cada uma delas iluminada por uma filosofia de séculos, essencialmente fundamentada no aprimoramento de corpo, mente e espírito. Recentemente (séculos XIX e XX), essa jornada dos praticantes das artes marciais ganhou um símbolo que representa o estágio de desenvolvimento do aluno ou discípulo: a faixa utilizada na cintura como parte do uniforme, que evolui da cor branca até a preta, traduzindo o aprimoramento técnico e o amadurecimento daquele que desbrava seu caminho, aprendendo com mestres, professores e colegas.

Sim, aqui também estamos falando de motivação e gratificação; entretanto, trata-se de uma jornada que perdura por muitos anos, considerando que, para a maioria das artes mais conhecidas, a trajetória entre a faixa branca e o primeiro nível da faixa preta dura entre sete e dez anos. Pois é então que convido você, especialmente se é um leigo em artes marciais, a se questionar: quais benefícios uma jornada como essa pode trazer para as crianças e adolescentes da nossa sociedade?

Essa reflexão proposta é inspirada, essencialmente, em minha vivência como pai de um belo menino, hoje com seis anos de idade, que pratica a modalidade do Taekwondo Songahm desde os dois anos de vida, e no florescer humano que testemunho nesses quatro anos, ao ponto de ter me contagiado e despertado para uma paixão adormecida de infância. Foi contemplando o meu filho, assim como fazem tantos outros pais que conheço, que coloquei a mim mesmo no longo caminho da faixa preta.

Nasce uma estrela: a velha dopamina tornou-se famosa no caos contemporâneo

Ainda que falar de dopamina e neurociência esteja na moda, por respeito a você, caro leitor, alerto que ambos os "assuntos" abarcam uma complexidade muito maior do que aquela que usualmente aparece em livros populares ou vídeos do YouTube. Entretanto, nossas páginas aqui são limitadas, o que também me exige ser mais simplista. Então, vamos tentar compreender de modo resumido como a dopamina atua nesse circuito de recompensa, afetando nosso comportamento, para que possamos trabalhar melhor na educação das crianças e adolescentes.

Primeiramente, é necessário entender que os milhares de anos de evolução da espécie humana proporcionaram o desenvolvimento de uma circuitaria cerebral especializada em nos recompensar pelo aprendizado e a repetição de comportamentos favoráveis à nossa sobrevivência, como: conseguir alimento e água, obter sexo para a reprodução, buscar o convívio em grupo (pertencimento e proteção), desenvolver ferramentas e tecnologias, lutar contra outras "tribos" para preservar o próprio clã ou fugir de ameaças à vida. Assim, de acordo com a configuração e os estímulos do ambiente, a dopamina é liberada no cérebro quando há a previsão de uma recompensa que possa evitar a escassez, fornecer energia, facilitar a procriação, proteger a prole, afastar os perigos, aumentar nossa chance de sobreviver e obter o prazer, gerando desejo ou motivação.

Acontece que, há milênios ou até algumas décadas atrás, tudo isso exigia bastante trabalho, preparação, esforço genuíno e tempo. Todavia, nos dias de hoje, para grande parte da população mundial que tem o privilégio de acessar a internet na palma da mão e na ponta dos dedos, a previsão de recompensa é como um "cardápio digital" de presença constante e facilmente acessível. A comida gostosa e a bebida do iFood; os utensílios, ferramentas e produtos do Mercado Livre ou da Amazon; a sensação de fazer parte de um grupo e obter aprovação social com as curtidas e *likes* do Instagram, YouTube e TikTok; a possibilidade de vencer uma batalha no joguinho eletrônico ou de ser a pessoa "valente" que briga contra um oponente por meio de *posts* e mensagens eletrônicas ofensivas enquanto protegida por quilômetros de distância atrás das telas; e até mesmo a fantasia sexual estão disponíveis em poucos segundos ou minutos.

Lembra da preocupação com nossos filhos, bombardeados por estímulos de um mundo repleto de celulares, *tablets*, desenhos coloridos, jogos eletrônicos e internet?

Pois bem, o fato é que o cérebro das nossas crianças está sendo construído nesse mundo repleto de gratificação imediata. A produção de dopamina é constantemente estimulada e os receptores neuronais vão gradativamente sendo dessensibilizados, exigindo doses ainda maiores de dopamina e induzindo comportamentos compulsivos. Se para os adultos já é bastante difícil viver em um ambiente de tantos estímulos aos nossos sentidos e desejos, imagine para crianças e adolescentes que ainda estão com o cérebro em desenvolvimento.

Os estudos recentes de neurociência afirmam que o córtex pré-frontal humano completa seu amadurecimento somente próximo dos 25 anos. Essa é a parte do cérebro localizada, grosso modo, atrás da testa, e responsável pelas funções cognitivas mais nobres e refinadas, como a capacidade de planejamento, direcionamento do foco e da atenção seletiva, controle inibitório de comportamentos impulsivos, organização e estabelecimento de metas.

A consequência é que temos um número crescente de crianças e adolescentes mais sedentários, mais desatentos, mais ansiosos, mais depressivos, com mais dificuldade de relacionamento, com mais insônia, com QI mais baixo, mais mimados, com baixo nível de tolerância ao tédio, à frustração e ao enfrentamento de desafios e mais propensos a desenvolver o vício em álcool, drogas, pornografia e comportamentos autodestrutivos.

Sim, é preocupante! Então, o que faremos? Como faremos? Ora, é por isso que eu e você estamos nos encontrando aqui neste livro. Porque somos pais e educadores que buscam por soluções e querem conviver em ambientes melhores ou criar pequenos ecossistemas mais saudáveis para nossas famílias. Portanto, voltemos a falar de arte marcial.

Neurociência e educação no caminho da faixa preta

Indo direto ao ponto: se você puder, experimente colocar uma faixa branca na cintura do seu filho ou filha. Deixem que fiquem descalços e mande-os para dentro do tatame!

Mas qual arte treinar?

Essa é uma dúvida que virá à mente daqueles pais que não possuem familiaridade ou histórico na arte marcial. E vou logo lhe dar uma resposta polêmica: talvez essa não seja a pergunta mais importante. Pesquise um pouco sobre as modalidades e comece com aquela que lhe agradar mais ou com a que for possível praticar. Talvez seja a que é ensinada em uma academia mais próxima da sua casa.

Se sua criança ainda estiver na primeira infância, ela terá contato com os fundamentos básicos da arte marcial escolhida, trabalhados de forma mais lúdica e combinados com exercícios de psicomotricidade. O simples fato de o seu filho praticar uma atividade física com boa frequência promoverá benefícios já consagrados ao seu sistema fisiológico: a liberação de serotonina e endorfinas (relacionadas ao prazer e bem-estar) e do fator neurotrófico derivado do cérebro (BDNF), que previne a degeneração dos neurônios e favorece a neuroplasticidade cerebral, fundamental aos processos de aprendizagem.

Encontre um bom ambiente em que seu filho possa treinar

Procure por um local limpo, organizado, cheiroso e frequentado por boas pessoas. Não me refiro ao luxo, elitismo social ou "frescuras" desnecessárias. Estou falando de ordem e harmonia.

Lembre-se, você escolherá o cenário em que as memórias do seu filho serão formadas.

Encontre bons professores e bons mestres. E aqui, sim, temos um ponto de extrema importância. No mundo atual, onde pais e mães normalmente vivem com pouco tempo e lotados de trabalho e compromissos, desenvolveu-se uma verdadeira indústria da educação ou atividades complementares ofertadas para as crianças e adolescentes. É comum que os pais paguem para ocupar os filhos enquanto estão no trabalho. Muitas vezes esses pais são seduzidos por ambientes requintados, propagandas bonitas ou nomes em inglês, mas deixam de prestar atenção no essencial: quem será o professor ou professora do meu filho? A quem eu estou confiando a educação dessa criança? Essa pessoa possui virtudes? Ela sabe transmitir a sua arte? Esse professor é realmente vocacionado ao ensino? Quais valores ele emana em suas aulas? Tudo isso está em sintonia com aquilo que eu quero que meu filho aprenda?

Acredito que isso é relevante de maneira geral, mas é ainda mais importante quando falamos de arte marcial, pois pressupõe-se que também estamos cultivando a transmissão de uma filosofia de vida. Logo, desejamos que nossos filhos tenham acesso a algum nível de sabedoria.

É importante saber que o cérebro humano possui os chamados neurônios espelhos, localizados em diferentes regiões do córtex, especializados em compreender e imitar as ações de outras pessoas, além de nos ajudar a perceber e entender as emoções daqueles que nos cercam (empatia), favorecendo o convívio social e a imitação de movimentos e comportamentos. Com o passar do tempo, professores e mestres se tornam modelos de comportamento e mentores, capazes de influenciar a vida do seu filho. É muito natural que isso aconteça, especialmente a partir do início da adolescência, quando o jovem anseia por desbravar ambientes distintos ao da família, conhecer outras referências de vida e pertencer a um grupo que extrapole as relações que ele já desenvolve com os pais, irmãos ou outros familiares.

Dessa maneira, quando unimos os quesitos ambiente e professor, estamos moldando o cenário que permitirá a transmissão de bons hábitos e valores, como disciplina, respeito, generosidade, autoestima, autoconfiança, amizade, coragem, liderança e autocontrole.

E, por último, **é essencial falarmos sobre a jornada**, pois serão alguns bons anos durante os quais a criança (ou adolescente) será submetida constantemente a novos desafios, aprendizados e convidada a superar dificuldades e limitações, ao mesmo tempo que construirá amizades e encontrará os mentores que lhe transmitirão **lições valiosas a serem levadas do tatame para todos os aspectos de sua vida**. Nessa jornada, o jovem encontrará uma nova "tribo" e vivenciará os **rituais de passagem** e tradição. Serão vários ciclos de alguns meses de trabalho árduo e aprendizado, que culminarão em uma cerimônia de graduação ou troca de faixa. O caminho será permeado pelo respeito ao passado, à hierarquia e às tradições que fundamentam a arte. Essa experiência é um verdadeiro tesouro, pois ensinará sobre a paciência, a temperança e a perseverança. **Nossos filhos terão seus cérebros moldados pelo aprendizado de que a recompensa valiosa vem no longo prazo, com disciplina, dedicação, esforço real e amor.**

Por tudo isso, deixo-lhe a mensagem: mande o seu filhote para dentro do tatame e, se for possível, vá junto com ele. Pois, felizes são os pais que aprenderam que nossos filhos são nossos mestres.

Referências

COMITÊ CIENTÍFICO DO NÚCLEO CIÊNCIA PELA INFÂNCIA. *O impacto do desenvolvimento na primeira infância sobre a aprendizagem*. Estudo 1. Disponível em: https://www.mds.gov.br/webarquivos/arquivo/crianca_feliz/Treinamento_Multiplicadores_Coordenadores/IMPACTO_DESENVOLVIMENTO_PRIMEIRA%20INFaNCIA_SOBRE_APRENDIZAGEM.pdf. Acesso em: 12 set. 2024.

COMITÊ CIENTÍFICO DO NÚCLEO CIÊNCIA PELA INFÂNCIA. *Funções executivas e desenvolvimento na primeira infância*: habilidades necessárias para a autonomia. Estudo 3. Disponível em: https://ncpi.org.br/publicacao/funcoes-executivas-e-desenvolvimento-na-primeira-infancia-habilidades-necessarias-para-a-autonomia/. Acesso em: 19 ago. 2024.

COSENZA, R. M.; GUERRA; L. B. *Neurociência e educação*: como o cérebro aprende. Porto Alegre: Artmed, 2011.

KREBS, C.; WEINBERG, J.; AKESSON, E. *Neurociências ilustrada*. Porto Alegre: Artmed, 2013.

LEMBKE, A. *Nação dopamina*: por que o excesso de prazer está nos deixando infelizes e o que podemos fazer para mudar. Trad. Elisa Nazarian. São Paulo: Vestígio, 2022.

LIEBERMAN, D. Z.; LONG, M. E. *Dopamina*: a molécula do desejo. Trad. Paulo Afonso. Rio de Janeiro: Sextante, 2023.

17

CYBERBULLYING UM MECANISMO DE AMPLIAÇÃO DA ANSIEDADE — COMO PROTEGER A SAÚDE MENTAL INFANTOJUVENIL

O *cyberbullying* é um fenômeno perigoso, que consiste na prática agressiva intencional e sistemática, por meios cibernéticos e repetitivos, na qual um indivíduo/grupo ataca outra pessoa. Em ênfase infantojuvenil com ameaças, assédio, julgamento, humilhações, perseguições, postagem de fotos, vídeos ofensivos e embaraçosos, propagados pela internet por meio de computadores, aparelhos celulares, mensagens digitais e redes sociais.

ROZANA SILVA

Rozana Silva

Psicóloga clínica, atuante em atendimentos a crianças, adolescentes, adultos e orientação para pais. Especializada em Arteterapia e graduada em Pedagogia.

Contatos
rozanapsicologa@hotmail.com
Instagram: @rozanasilvapsicologa
WhatsApp: 44 99124 4418

A expansão evolutiva junto ao desfecho nas informações digitais vem causando uma explosão de sentimentos. A internet como a conhecemos foi criada no final dos anos 1960, e desde então vem interligando pessoas em todas as dimensões do planeta e proporcionando dois lados da mesma moeda. Um lado é extremamente bom e conecta pessoas, lhes proporcionando inúmeros benefícios. O outro conecta destruindo emocionalmente pessoas por meio de sujeitos que a usam de maneira desconexa e maldosa. Nesse meio colorido e sombrio a mente humana expande para o amor ou para ódio – uns amam e espalham amor, enquanto outros pregam a dor e o sofrimento, esses atacam e humilham a qualquer custo. Se uma pessoa passa por situações em que é atacada por meio de ameaças, assédio, julgamento, humilhação, perseguições, postagem em mídia social de fotos e vídeos ofensivos e embaraçosos, que envolva a internet por meio de computadores, aparelhos celulares, mensagens digitais e redes sociais é considerado *cyberbullying*. Esse estressor socioemocional impacta negativamente na qualidade de vida das vítimas que o sofrem. Quando induz crianças, adolescentes e jovens ao suicídio, essa má conduta nunca é engraçada. O *cyberbullying* se tornou um grande desafio para pais e tutores, intervindo diretamente na educação de crianças e jovens, e é um fator significativo para a educação parental. O fato de ao menos imaginar que os filhos sofrem *bullying* é uma dura realidade para pais e tutores, e quando descobrem que esses maus tratos estão nos meios cibernéticos, isso sim, pode apavorar, pois é assustador pensar que os agressores/abusadores, no meio digital, não são visíveis, não marcam presença física e, na maior parte de vezes, são anônimos, fato que contribui para que os níveis de estresse aumentem a dor e o sofrimento, incluindo principalmente os níveis de ansiedade na fase infantojuvenil. Essa fase do desenvolvimento humano é de extrema importância, ela abrange a faixa etária dos 10 aos 19 anos, sendo inteiramente significativa na vida. No que diz respeito à construção da consciência humana, somos seres munidos de sentimentos e somos levados a desenvolver atividades características de cada período de nossa vida. Cada ato cotidiano faz diferença para o amadurecimento da mente/cérebro. Portanto, se um indivíduo sofrer retaliações emocionais e/ou físicas nessa fase de desenvolvimento, pode vir a enfrentar inúmeros problemas emocionais e psicológicos na fase adulta.

Lembro-me de um caso de uma garotinha de dez anos (que vamos chamar de Ana) que atendi na clínica, essa sofreu ataques de *cyberbullying*. Ana tinha ganhado um aparelho celular conectado à internet, os pais presentearam-na devido ao período de pandemia pela covid-19 no ano de 2020, quando aulas e atividades escolares eram via on-line. Suas atividades diárias estavam conectadas em agendas digitais, as aulas de dança, o curso de inglês, tal qual um grupo de WhatsApp da quinta série do fundamental. Tudo ia bem, até que as aulas voltaram para o sistema presencial, após a baixa da pandemia e Ana estava há dois meses em aula presenciais, quando começou a aparentar tristeza, falta de interesse de ir para a escola e choro. Após inúmeras tentativas do pai, Ana contou que vinha sendo ridicularizada, humilhada e atacada no grupo de WhatsApp da sua sala de aula, em específico por um número o qual ela não reconhecia ser de nenhum colega de sala, mas ainda assim seus colegas acabavam por dar risadas ou concordar com as provocações feitas pelo número desconhecido. Tal grupo não era de conhecimento nem dos pais, nem da instituição escolar. Ana contou ao pai que tudo havia começado quando ela digitou sem querer uma frase inadequada para aquele grupo e esse amigo oculto tirou sarro e teria exagerado na provocação. Vamos tentar imaginar essa criança sendo atacada, ridicularizada e humilhada no grupo de WhatsApp da sala de aula. O quanto não sofreu e teve medo, como era dia após dia, para ela se deslocar até a escola. Como essa criança se sentiu? Como ela conseguiria se relacionar com os colegas de turma? Vamos imaginar a angústia dessa garotinha de 10 anos. Vale lembrar que essa fase dos 10 aos 19 anos não é um fim ou um salto simples para a fase adulta. A pré-adolescência seguida da adolescência caracteriza-se por um período crucial, como dito por Vygotsky (1931/2000, p. 229):

> [...] a adolescência não é um período de conclusão, mas de crise e amadurecimento do pensamento. No que tange à formação superior do pensamento, acessível à mente humana, essa idade é também transitória, e o é em todos os seus sentidos.

Em todos os seus sentidos, a criança que foi vítima de *cyberbullying* nos preocupa exorbitantemente. Crianças vítimas de *bullying* apresentam sofrimento emocional/psicológico em níveis altos, bem como diminuição da estima, risco de suicídio, autolesão e probabilidade maior de desenvolver depressão na idade adulta. Tanto o *bullying*, como o *cyberbullying* afetam, com a mesma intensidade, os aspectos emocionais/psicológicos. Após investigação dos pais junto à escola, descobriram que o amigo oculto, sem nome e sem foto, não fazia parte do quadro escolar e nem ao menos era uma criança. Ana, seus pais e a direção e orientação escolar passaram a dedicar-se a, juntos, monitorarem grupos de WhatsApp do ensino infantil. Ana se recuperou dos ataques do *cyberbullying* após realizar sessões de psicoterapia e a escola desenvolveu palestras internas para falar, discutir, orientar sobre os riscos do *cyberbullying* em todo o ambiente escolar. Mas quantas Anas, Marias e Joãos nós perdemos?

Muitos pais e tutores podem, a partir desse ponto, ficar extremamente temerosos com tal situação, mesmo que seus filhos não tenham passado por situação agressora de *cyberbullying*. Não distante dos pais e tutores também entra nessa gana a educação parental encorajadora em busca contínua por aperfeiçoamento para orientar e ajudar pais e tutores na redução de danos causados pelo *cyberbullying*. Para o orientador parental encorajador a satisfação está em proporcionar uma orientação que vá ao encontro e em defesa de uma educação que encoraje, acolha e proporcione segurança. Portanto, encorajo pais e tutores a buscar por mais informação sobre o *cyberbullying*. Essa busca proporcionará conhecimento, segurança e inteligência emocional; assim, o enfrentamento regulará em torno de reconhecimento de sentimentos, conceito histórico cultural sobre *bullying/cyberbullying*. Esse pressuposto baseia-se no fator da psicologia positiva/educação parental encorajadora que reforça a atenção voltada para a saúde emocional do ser humano.

O nosso pioneiro em psicologia positiva, o doutor Seligman (2004), destacou que a educação positiva se trata do estudo de sentimentos, emoções, instituições e comportamentos positivos que tem como objetivo final a felicidade humana.

Garanto que pais e tutores encorajados e munidos de conhecimento ajudarão e educarão de maneira positiva a criança/adolescente como indivíduo próprio, com sentimentos e que necessita ser ouvido, direcionado, amparado, protegido, ajudando-os, dessa forma, no combate ao *cyberbullying*. Afinal, quanto maior o conhecimento, melhor o enfrentamento e melhor a qualidade de vida.

Porque indivíduos realizam *cyberbullying*?

Por mais que a ciência e a tecnologia estejam evoluindo a passos largos, humanos continuam vivendo a autoinsegurança. Sentem-se desprotegidos(as), desenvolvem falta de autoconfiança, falta de competências, de potencialidades; tal qual desenvolvimento de doenças mentais ou simplesmente são perversos e espalham o ódio gratuito. Um ou todos esses mecanismos juntos em uma pessoa ou em um grupo de pessoas dissemina o *cyberbullying*. O medo e a falta de compreensão com aquilo que julga diferente no outro leva à intimidação, perseguição, humilhação e formação de mentiras. Pessoas que praticam *cyberbullying* são maldosas, desrespeitosas, covardes e delinquentes, pois usam a tecnologia em prol de destruir o outro. Não se importam com as consequências psicológicas, emocionais, físicas, financeiras e até de perda da vida da vítima, mesmo que pareça algo anormal, digo que disseminadores de *cyberbullying* sentem prazer em destruir outras pessoas. O prazer ultrapassa o racional, pois sabem onde atingir suas vítimas; apontam o que julgam não aceitáveis socialmente, como: aparência física, deficiência física, maneira de se vestir, altura desejável, se são bons em tais esportes e assim por diante. Como um vírus, as humilhações se espalham, a intenção é sempre de intimidar, causar sofrimento, desequilibrar e angustiar. Outro fator que induz à prática de *cyberbullying* é a própria vida do agressor, que, muitas vezes, é vítima de humilhação dentro e fora de sua casa, vítima também de *bullying*/*cyberbullying*? Talvez sim, no entanto a ação não é justificável. Provavelmente, acreditam que estão obtendo uma boa imagem de si mesmos, em uma espécie de sobrevida, em que o espaço cibernético os livra, ainda que por pouco tempo, de suas dores e de seus sofrimentos. O espaço cibernético e a falta de limite que a internet proporciona induzem muitos a sentirem-se enérgicos e desejosos a querer cada vez mais *likes* e mais prazer. Para aqueles que cometem *cyberbullying* o outro não passa de um mecanismo de autoprazer.

Educando para a defesa

Em agosto de 2022, a McAfee Corp, uma conceituada empresa de proteção on-line, publicou uma pesquisa cujo objetivo foi analisar o cenário em evolução do *cyberbullying* em ambientes virtuais ligados aos riscos que crianças do mundo globalizado poderiam encontrar. Foram entrevistados 11.687 pais e seus filhos em dez países para, assim, compreender a extensão das ameaças virtuais do *cyberbullying*. Entre as ameaças destacam-se: ataques racistas (contra crianças a partir dos 10 anos) como, nas formas mais graves, que incluem assédio sexual e ameaças em danos físicos, entre outros. As plataformas mais utilizadas são o Instagram, Facebook e WhatsApp.

As lacunas aparecem na forma como os pais gerem essas experiências, sendo a falta de conhecimento de tecnologia uma delas; tal qual idade mínima inferior a 13 anos direcionada para alguns acessos às redes de comunicação. Assinalo a importância da idade cronológica, pois ela determina o saber defender-se! Para o biólogo e psicólogo Piaget, a cognição humana é uma forma de adaptação biológica na qual o conhecimento é construído aos poucos, sendo a partir do desenvolvimento das estruturas cognitivas que se organizam de acordo com os estágios de desenvolvimento da inteligência. Esse desenvolvimento cognitivo está ligado aos processos de assimilação e acomodação que promovem o equilíbrio que varia de acordo com a idade (PIAGET, 1983). Como psicóloga e educadora parental encorajadora, digo que uma criança com menos de 13 anos de idade não está com o sistema cognitivo apurado o suficiente para executar os conceitos de mediação e interação que possibilitem a ela agir sozinha na solução de problemas.

Um caminho para educar positivamente é educar pra a defesa diante de redes sociais, que são uma grande vitrine. É mostrar o lado fantasioso das redes e simplificar a conscientização dos riscos, das consequências, dos comportamentos autodestrutivos e a importância do respeito nas redes sociais. Atitudes encorajadoras quando ditas e demonstradas aos filhos os deixam confortáveis e seguros com o cibernético, sendo essa segurança que os afasta de predadores digitais.

Mecanismo de proteção a *cyberbullyings* resultante no diminuir da ansiedade

A educação parental chegou ao século XXI com o papel de encorajar pais e tutores, a fim de que mesmo diante de uma educação desafiadora os pais possam transformar desafios em oportunidades, fazendo uso de uma educação respeitosa, amorosa, cuidadosa e sem uso de punição. Crianças, adolescentes e jovens, quando estimulados, são extremamente comunicativos, tanto que a virtuosa internet executa exatamente esse papel: a ansiada comunicação, a fala, o diálogo. E é exatamente esse falar a nossa defesa, pois é o verbo que enriquece a psique. Com a fala acalentadora, pais e tutores devem se encorajar a buscar conhecimento e chamar para o diálogo produtivo e encorajador que é escutar, orientar, guiar quanto os limites nas redes, que munem seus filhos de ataques de *cyberbullies*. Filhos seguros têm o sistema ansioso diminuído e até cessado em alguns casos.

Encorajo pais e tutores a dialogar, falar – falem de seus medos, inseguranças, falhas, ansiedades, mas também falem de sua estrada de vida, de suas conquistas, de transformações positivas, dos desafios vencidos e superados; encorajem seus filhos e tutorados a falarem quando se sentirem ameaçados por *cyberbullies*. A fala liberta, tanto quanto as leis federais nos protegem; registro, aqui, nossa conquista na aprovação da

Lei 14.811/2024, no mês de janeiro de 2024, quando o atual presidente da República brasileira sancionou a lei no combate específico ao que se denomina *bullying* e *cyberbullying*, junto ao código penal. O que proporciona avanços na proteção das vítimas de crimes digitais, pois a pena para tal crime varia de dois a quatro anos de reclusão, além de multa. Tal lei instituiu medidas de proteção à criança e ao adolescente contra a violência nos estabelecimentos educacionais ou similares contra prática discriminatória de determinados jovens ou mesmo crianças. Pais e tutores, encorajem-se, usem do diálogo, falem, se expressem e encorajem seus filhos e tutorados a falarem, dialogarem, soltarem o verbo.

Referências

BRASIL. *Art. 146-A. da Lei nº 14.811 de 12/01/2024*. Disponível em: https://normas.leg.br/?urn=urn:lex:br:federal:lei:2024-01-12;14811!art6_cpt_alt1_art146-1. Acesso em: 17 fev. 2024.

MCAFEE. *Hidden in plain sight: more dangers of cyberbullying emerge*. Disponível em: https://media.mcafeeassets.com/content/dam/npcld/ecommerce/en-us/docs/reports/rp-cyberbullying-in-plain-sight-2022-global.pdf. Acesso em: 10 fev. 2024.

PIAGET, J. *A epistemologia genética*: sabedoria e ilusões da filosofia, problemas de psicologia genética. Ed. 2. São Paulo: Abril Cultural, 1983.

SELIGMAN, M. E. P. *Felicidade autêntica*: usando a nova psicologia positiva para a realização permanente. Rio de Janeiro: Objetiva, 2004.

VYGOTSKY, L. S. *Obras escogidas IV*. Disponível em: https://pt.scribd.com/document/590720859/Obras-Escogidas-Tomo-IV-Lev-Semionovich-Vygotsky-L-S-Vigotski-Etc-Z-lib-org. Acesso em: 10 fev. 2024.

VIANA, L. É sancionada lei que inclui bullying e cyberbullying no Código Penal. *Rádio Senado*, 12 jan. 2024. Disponível em: https://www12.senado.leg.br/radio/1/noticia/2024/01/15/e-sancionada-lei-que-inclui-bullying-e-cyberbullying-no-codigo-penal. Acesso em: 17 fev. 2024.

18

ANSIEDADE E SAÚDE MENTAL INFANTIL

IDENTIFICAÇÃO E GERENCIAMENTO DE PROBLEMAS DE SAÚDE MENTAL

Para quem é mãe além de profissional, sempre é difícil transcorrer por esse tema tão importante e desafiador. Acreditem, pais, cuidadores, educadores e todos que, de alguma maneira, estão envolvidos no universo infantil: para mim, não é fácil e continua sendo desafiador falar sobre esse tema. Cuidar da saúde mental desde a infância é a única humilde certeza que tenho de que podemos prevenir muitas doenças mentais na vida adulta ou ainda desenvolver recursos mais saudáveis. Por isso, neste capítulo, vamos falar da saúde mental, prevenção e sobre os temas de ansiedade e depressão na infância.

VANESSA TROVÕES

Vanessa Trovões

CRP 06/70612

Psicóloga clínica especialista em Psicossomática Psicanalítica pelo Instituto Sedes Sapientiae. Pós-graduada em Psicologia Hospitalar pelo HC-FMUSP. Especialista em *Kids Coaching* pelo ICIJ. Especialista em Educação Parental, certificada pela Parent Coaching Brasil. Atuação como psicóloga e no gerenciamento de hospital de saúde mental por 5 anos. Experiência clínica em consultório particular há 20 anos.

Contatos

vanessatrovoes@gmail.com

Instagram: @vanessatrovoes

11 98488 5246

Saúde mental

O termo "saúde mental" tem se tornado cada vez mais popular. Hoje, felizmente, fala-se muito sobre o bem-estar emocional de jovens, adultos e idosos. No entanto, esse é um tema que deve ser essencial durante toda a vida, sobretudo na infância, já que os pequenos também podem sofrer com o estresse, transtornos de comportamento, ansiedade e até depressão infantil.

A saúde mental está intrinsecamente ligada à capacidade de as crianças regularem as suas emoções, o que é uma habilidade que deve ser desenvolvida para o bem-estar e a adaptabilidade. Crianças que não aprendem a lidar com suas emoções têm maior probabilidade de desenvolverem distúrbios de saúde mental.

De acordo com a Organização Mundial da Saúde, "saúde mental" pode ser definida como o bem-estar em níveis ideais, bem como a capacidade de interpretar o meio em que estamos inseridos e manter um bom funcionamento psicossocial.

Por que falar de saúde mental na infância

Os primeiros anos de vida funcionam como base para as aquisições que o cérebro fará nos anos seguintes. Com isso, promover a saúde mental infantil é uma forma de cuidar de nossos futuros jovens, adultos e idosos, e uma maneira de zelar também pelas nossas comunidades.

Ainda, é durante a infância que costumam surgir os primeiros sintomas de transtornos mentais, que podem se agravar de modo considerável na vida adulta.

De acordo com a Organização Mundial da Saúde (OMS), metade das doenças mentais começam aos 14 anos. Nesse sentido, discutir o tema e estar bem informado sobre os sintomas que contribuem para o reconhecimento precoce das questões de saúde mental pode evitar problemas futuros.

A ansiedade e a depressão infantil são temas relevantes da infância e da saúde mental pública.

Ansiedade na infância

A ansiedade infantil é uma condição que transforma significativamente o comportamento das crianças. Ela causa uma série de sintomas, como hiperatividade, dor física, impaciência, fobias, problemas digestivos, entre outros. A ansiedade infantil ocorre, muitas vezes, por dificuldade de expressar sentimentos e emoções.

Os transtornos de ansiedade são os distúrbios psiquiátricos mais comuns. Quem convive ou já conviveu com um transtorno de ansiedade sabe como pode ser sofrido e paralisante. Imagine ter de lidar com isso ainda durante a infância, quando o cérebro está em formação e não tem a maturidade necessária para entender o que está acontecendo.

Os transtornos de ansiedade são os quadros psiquiátricos mais comuns na infância e na adolescência. De 10% a 15% da população nessa faixa etária tem algum transtorno – desde casos mais leves até casos mais graves e com grande prejuízo funcional. O problema é mais frequente em meninas.

A ansiedade é importante para a nossa sobrevivência; em certo grau, ela é saudável, é o que alerta o cérebro e nos faz agir diante de um perigo. No caso das crianças, é comum antes de uma viagem, uma festa de aniversário ou uma apresentação na escola. O problema ocorre quando ela é desproporcional às situações vividas, causando impacto funcional no dia a dia.

A ansiedade patológica é excessiva, persistente e causa sofrimento. Diante disso, em muitos casos a criança se afasta ou tenta evitar a situação que lhe causa ansiedade a qualquer custo.

Como identificar os sintomas

A ansiedade deixa de ser considerada normal quando começa a influenciar o "funcionamento" da pessoa. A criança deixa de fazer coisas ou ter uma atividade rotineira normal por causa da ansiedade.

Segundo o dr. Fernando Asbahr, médico psiquiatra e coordenador do Ambulatório de Ansiedade na Infância e Adolescência do Instituto de Psiquiatria (IPq) do Hospital das Clínicas da Faculdade de Medicina da USP (HC-FMUSP), o primeiro passo para observar os sinais de ansiedade patológica na criança é ter um parâmetro do que é normal.

"Você tem que ter ideia mais ou menos de quais são os medos normais naquela faixa etária. Por exemplo, na pré-escola, é comum ter os medos imaginários, uma coisa mais fantasiosa; a criança cresce, entrando no fundamental, e começa a ter preocupação com a saúde dos pais, tem a ver com reconhecimento do que é morte, de finitude, medo de causar algum mal para alguém ou para ela própria; depois vem a questão social, que tem a ver com competência e incompetência, ser observada – isso vai ficando cada vez mais forte ao longo da adolescência", explica.

Sabendo o que é o "normal", fica mais fácil identificar sinais que fogem muito desse parâmetro. "Na ansiedade generalizada, por exemplo, você não tem um objeto específico, o elevador, a agulha, como nas fobias, ou a sala de aula, na ansiedade social.

Mas você tem aquelas crianças que não relaxam de forma nenhuma", exemplifica ele. Muitas vezes, o nível de antecipação frente a uma situação é extremamente exagerado, como uma criança maior que tem uma prova marcada na escola e semanas antes começa a pensar que não vai conseguir estudar, que não vai se sair bem, e por isso ela passa a ter insônia e dores de barriga, e não consegue se concentrar na aula.

O psiquiatra explica que alguns transtornos são difíceis de serem identificados na escola. Às vezes, a criança fica mais retraída, no canto dela, e o transtorno acaba passando despercebido. No entanto, alguns casos são mais visíveis, como uma fobia social muito grave, ou o mutismo seletivo, em que a criança não verbaliza de forma nenhuma.

Tratamento e papel da família

O tratamento para os transtornos de ansiedade nas crianças tem duas vertentes principais: o tratamento medicamentoso e o não medicamentoso, que consiste na terapia cognitivo-comportamental (TCC). Em alguns casos, somente a terapia cognitivo-comportamental é suficiente. Em outros, mais graves, a melhor conduta é a combinação dos dois tratamentos.

Outro ponto no qual a família pode ajudar é na criação de uma rotina, que auxilia na questão da previsibilidade. É super comum que crianças ansiosas se sintam mais seguras quando têm a "certeza" do que vai acontecer. A rotina ajuda na organização e reduz a ansiedade, mas não deve ser uma coisa rígida. É interessante que a rotina inclua momentos de deveres e momentos de lazer, e que seja criada em conjunto com a criança, se possível.

Depressão infantil

A depressão infantil é um transtorno psicológico caracterizado por tristeza persistente e falta de interesse para realizar atividades que antes eram consideradas divertidas para as crianças. Alguns sinais e sintomas que podem indicar depressão durante a infância incluem falta de vontade para brincar, fazer xixi na cama, queixas frequentes de cansaço, dor de cabeça ou barriga e dificuldades no aprendizado.

Esses sintomas podem passar despercebidos ou ser confundidos com birras ou timidez, porém, se tais sintomas permanecerem por mais de duas semanas é aconselhado ir ao pediatra ou ao psiquiatra infantil para fazer uma avaliação do estado da saúde psicológica e verificar a necessidade de tratamento especializado.

A depressão infantil geralmente é causada por situações traumáticas, principalmente quando persistentes ou recorrentes, como discussão entre familiares, divórcio dos pais, mudança de escola, falta de contato da criança com os cuidadores ou sua morte. Além disso, situações como maus-tratos, abuso sexual, convívio diário com pais alcoólatras ou dependentes de drogas também podem contribuir para desenvolver depressão e o risco tende a ser ainda maior em caso de histórico de depressão nos pais.

Como identificar os sintomas

Os sintomas que acometem as crianças são semelhantes aos vivenciados por adultos, com exceção de sua intensidade. Crianças choram, gritam e ficam vermelhas de raiva com mais facilidade, pois ainda não estão no controle total de suas emoções. Além disso, não foram ensinadas a guardarem sentimentos negativos para aparentarem estar sempre dispostas e contentes. Então, não veem problemas em expressá-los da maneira mais intensa possível. Entretanto, algumas crianças podem simplesmente ficar isoladas e quietas, recusando-se a interagir com os amiguinhos.

Um dos critérios para se atentar é a frequência deles. Caso se manifestem com frequência, como durante dias ou semanas seguidas, podem ser sinais de depressão.

Os sintomas mais comuns e importantes de serem observados são: falta de vontade para brincar, crise de choro repentina acompanhada de medo, medo de interagir com outras pessoas e crianças, dificuldade de dormir ou insônia, irritabilidade sem motivo e queda no rendimento escolar. Portanto, quando os pais notarem uma redução significativa do rendimento da criança, reclamação de dores corporais (enxaquecas, dores abdominais, desconforto na lombar, entre outros pequenos incômodos físicos) é hora de buscar ajuda.

Tratamento e papel da família

Na maioria dos casos, o tratamento inclui sessões de psicoterapia e uso de remédios antidepressivos, porém o apoio dos pais e professores é fundamental para ajudar a criança a sair da depressão, já que esse transtorno pode dificultar o seu desenvolvimento.

Como cuidar da saúde mental das crianças

Para cuidar da saúde mental na infância, é preciso primeiro olhar para as crianças. Uma criança ansiosa ou agressiva, por exemplo, pode ser o reflexo do ambiente em que vive. Por isso, é necessário compreender os contextos nos quais elas estão inseridas. Afinal, as causas mais comuns para doenças mentais nas crianças são o *bullying*, excesso de exposição a telas, falta de afeto, cobrança exagerada da família, falta da presença das figuras parentais, falta de limites e até traumas e violência.

Isso acontece porque as crianças ainda não possuem habilidade emocional para gerenciar experiências desagradáveis. Com isso, as vivências negativas podem estar relacionadas ao seu adoecimento mental.

Como os pais podem contribuir

Na infância, os adultos são bastante responsáveis pelo bem-estar emocional dos pequenos. Para isso, é importante que eles estejam alertas a sinais, representados por comportamentos diferentes dos hábitos normais da criança.

A agressividade, o pessimismo, a dificuldade de concentração ou memória, queixas de dores e falta de apetite são alguns exemplos. Além disso, é importante que os cuidadores se empenhem na promoção da saúde mental das crianças, ou seja, criando estruturas saudáveis para que elas cresçam e se expressem.

Assim, é fundamental que os pais estejam sempre por perto, apoiando cada nova etapa do desenvolvimento infantil. Da mesma forma que os adultos, as crianças precisam dialogar sobre suas angústias e insatisfações. Elas necessitam de espaço em que tenham liberdade para se comunicar e realizar atividades físicas e culturais, para evitar a sobrecarga mental e o estresse.

Por fim, e não menos importante, não se esqueça de sempre reforçar que a criança é capaz, suas habilidades e conquistas, e que ela deve acreditar no seu potencial. Ensinar as crianças a se frustrarem, a lidar com a perda, é prepará-las para a vida adulta.

O que falar sobre saúde mental para crianças?

Ensine a nomear, reconhecer e expressar emoções. Validar desde cedo as emoções dos filhos é um dos primeiros passos para fortalecer a saúde mental de crianças e adolescentes. Os pais devem expressar que percebem e se importam com o que eles estão sentindo e que os jovens podem falar sobre seus sentimentos em casa.

Além disso, para estimular a saúde mental das crianças é extremamente importante considerar o sentido do brincar, uma vez que as atividades lúdicas estimulam a criatividade e a imaginação, permitindo que as crianças expressem seus sentimentos e explorem diferentes papéis e situações. O brincar também é uma forma de aprendizado, pois as crianças adquirem habilidades sociais, emocionais e cognitivas enquanto se divertem.

Estratégias de promoção da saúde mental na infância

1. **Seja presente e previsível**: crie um ambiente caloroso, estável e seguro. O ambiente indica para a criança que ela pode se sentir à vontade e explorar as aventuras infantis de sua faixa etária, além de proporcionar melhores condições para o seu acolhimento e desenvolvimento de relações socioemocionais saudáveis e fortes com as demais pessoas.
2. **Pare, respire, pense, depois aja**: por vezes, quando as crianças presenciam alguma experiência que cause uma resposta negativa – como cair no parquinho e ralar o joelho, ou ficar com medo por causa de um barulho –, o estresse dessa resposta tende, geralmente, a também impactar o adulto responsável por ela. Assim, um dos melhores jeitos para encerrar esse ciclo de estresse é simplesmente acalmar-se. Relaxar e convidar a criança a fazer o mesmo estimula-a a ter uma melhor resposta ao estresse e ansiedade, fazendo-a entender que você também se preocupa e está atento(a) e sensível às suas necessidades e experiências.
3. **Administre os sentimentos "grandes"**: reflita conosco, em uma situação entre uma criança e um adulto responsável, com certeza, o adulto será o exemplo primário para a criança. Assim, quando você estiver experienciando "grandes" sentimentos, como os dolorosos, tristes, ansiosos e raivosos, demonstre-os de modo saudável, ensinando a esses indivíduos em formação como agir diante dos nossos sentimentos e a expressá-los de forma não prejudicial a ninguém – nem de quem sente tampouco daqueles que cercam esse indivíduo.

4. **Cuide-se**: de que adianta saber tanto sobre como ajudar as crianças, sendo que nós nos deixamos de lado, esquecendo da nossa saúde mental? Estar saudável é essencial e serve de exemplo, de guia, de apoio e incentivo. Então, durante todo o percurso de cuidado infantil, não exclua a prática do autocuidado e, sempre quando for preciso, busque ajuda.

Construam juntos novas possibilidades e demonstre interesse. Com todas essas iniciativas, é possível melhorar a qualidade de vida das crianças. E, principalmente, contribuir para a sua autoestima e seu amor.

A saúde mental das crianças é uma responsabilidade de nós educadores, mas, acima de tudo, cuidar da nossa saúde mental é o caminho mais importante para desenvolver o modelo e, acima de tudo, estarmos atentos e presentes nesse desafio da vida que é educar.

Com amor, Vanessa Trovões.

Referências

ADAMS, C. A. *Preocupações, nunca mais!*: um livro sobre como lidar com a preocupação e a ansiedade. São Paulo: Paulus, 2013.

ASSIS, S. G. de. *et al. Ansiedade em crianças*: um olhar sobre os transtornos de ansiedade e violências na infância. Rio de Janeiro: FIOCRUZ/ENSP/CLAVES/CNPq, 2007.

BERTOTTI, F. Tristeza de criança: vida e saúde. *Tatuí*, São Paulo, n. 10, p. 6-11, out. 2012.

CURY, A. *Ansiedade*: como enfrentar o mal do século. São Paulo: Benvirá, 2014.

CURY, A. *Ansiedade 2 – autocontrole*: como controlar o estresse e manter o equilíbrio. São Paulo: Benvirá, 2016.

CURY, A. *Pais brilhantes, professores fascinantes*. Rio de Janeiro: Sextante, 2003.

FREEMAN, D.; FREEMAN, J. *Ansiedade*: o que é, os principais transtornos e como tratar. Trad. Janaína Marco Antonio. São Paulo: L&PM, 2015.

PORTAL EDUCAÇÃO. *Transtorno de ansiedade*. Campo Grande: Portal Educação, 2012.

RAPEE, R. M. *et al. Transtorno da ansiedade na infância*. São Paulo: M. Books, 2010.